JN164721

NHK
プロフェッショナル
仕事の流儀

8

信念をつらぬく
プロフェッショナル

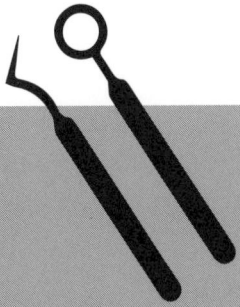

編：NHK「プロフェッショナル」制作班

NHK プロフェッショナル 仕事の流儀 ⑧

信念をつらぬくプロフェッショナル

目次

はじめに 4

ぶれない信念が、勝利をつかむ
プロサッカー監督 森保一 5

盤上の宇宙、独創の一手
囲碁棋士 井山裕太 41

若き化石ハンター　太古の謎に挑む
恐竜学者　小林快次　79

ぶれない志、革命の歯科医療
歯科医　熊谷崇　115

建物を変える、街が変わる
建築家　大島芳彦　153

はじめに

このシリーズは、NHKで放送された番組『プロフェッショナル 仕事の流儀』を書籍にまとめなおしたものです。

番組では、さまざまな分野の第一線で活躍しているその道のプロフェッショナルたちの「仕事」をほり下げ、プロフェッショナルたちの仕事にのぞむ姿勢や、その生き方をつらぬく「流儀」を紹介しています。

8巻「信念をつらぬくプロフェッショナル」では、どんな困難をも乗りこえて、自らの信念をつらぬき前へとつき進む、5人のプロフェッショナルたちが登場します。

プロフェッショナルたちの仕事にのぞむ姿勢や考え方をとおして、仕事の奥深さ、働くということの魅力、プロフェッショナルたちの生き方の流儀を伝えられればと思います。

ストーリーの最後には、プロフェッショナルたちの格言をのせています。プロフェッショナルたちのことばが、これからを生きるみなさんの道しるべになることを願います。

「信念をつらぬくプロフェッショナル」編集部

ぶれない信念が、勝利をつかむ

プロサッカー監督（かんとく）
森保（もりやす）一（はじめ）

ⓒJリーグ／サンフレッチェ広島

日本プロサッカーリーグ、通称Jリーグ。
激しい競争の中で、つねに結果を求められるきびしい世界。
そんな中、5年間で3回のリーグ制覇をなしとげたチームがある。
サンフレッチェ広島。そのチームを率いたのは、ひとりの若い監督だ。
選手の才能を見ぬき、やる気をひきだし、育て上げ、
育てられた選手たちが生き生きと躍動する、唯一無二のチームをつくった。
かつては、自身も日本代表チームでプレーした名選手。
サッカーの喜びと苦しみを知りつくす。
その経験から、どのような状況でも変わることのない、かたい信念をもっていた。
2016年、4回目のリーグ優勝をねらってシーズンにのぞんだサンフレッチェ。
ところが、チームを試練がおそった。
名将は、信念をつらぬいてチームを立て直し、勝利へと導くことができるだろうか。

✳「全員」と「ひとりひとり」を大切に

２０１６年２月上旬。

Ｊリーグ開幕をひかえて、プロサッカーチーム、サンフレッチェ広島は、宮崎県で合宿をしていました。

練習準備中のピッチに、チームスタッフたちがゴールを運びだしています。重そうに運んでいるところに走り寄って手伝うジャージ姿の人。

このチームの監督、森保一さんです。

就任５年目で、すでに３回のリーグ優勝をはたした名監督ですが、えらぶったところは少しも見られません。

「監督だけど、キャプテンのちょっと上、くらいの感じ」

そう話して森保さんは笑います。

サンフレッチェ広島は、広島市に本拠地をおくチームです。Ｊリーグ発足時から

ⓒサンフレッチェ広島

広島市内にあるサンフレッチェ広島の本拠地、エディオンスタジアム広島。

加盟しているクラブで、2012年、2013年、2015年と、3回年間優勝をしています。

この3回の優勝すべてが、森保さんが監督としてチームを率いてのもの。これほどの成果を上げた森保さんのチームづくりとは、どのようなものなのでしょうか。

ミスはみんなで修正する

森保さんは、40年近いサッカーの経験から、こう語ります。

「サッカーは、おそらく球技の中でいちばんミスがたくさんでるスポーツです。思いどおりにいくことのほうが少ない。だからミスがでたときに、みんなでカバーし合ってとりかえそう、ということを伝えています。ミスをどう修正して次のことに向かっていくかという、チームの統一された意識が大切なんです」

開幕間近、森保さんには少し気にかかっている選手がいました。チームに加入したばかりの、ピーター・ウタカ選手。ナイジェリア出身で、各国のチームでプレーしてきた経験豊富なウタカ選手は、たくみなパスと高い確率で点をとれる決定力で、攻撃の中心となることを期待されています。

しかし、森保さんには、ウタカ選手の守備への意識が少し低いように感じられたのです。練習中、森保さんはウタカ選手に声をかけ続けます。

「ウタ、攻撃がとぎれたら、まず守備位置にもどって」

「休んでいるときも守備をわすれないで」

チームの基本をくり返し伝え、組織で戦う意識を高めさせる。この点に関して、森保さんはいっさい妥協しません。

練習の合間に、森保さんはウタカ選手をよびました。気楽な調子で話しかけます。

「ウタさん、フィーリング（感じ、感触）は、どう？」

ウタカ選手は、少し考えてから、

「やるべきことは理解しています。ときどき、守備の態勢にもどるのが遅いときがあります」

とこたえました。自分がまだ求められるプレーができていないと感じているようです。森保さんはうなずき、ウタカ選手の目をじっと見ました。

「ウタのいいところは攻撃だと思ってる。でも、このチームは組織として規律をもってやることが絶対で、全員にそれを求めてるんだ」

「OK、ボス」

「だいじょうぶね。問題があったらいつでも話し合いましょう。OK、アリガト」

森保さんは朗らかな笑い声で、この短い、けれど大切な話し合いを終えました。

これが、森保さんのチームづくりの基本。全員でねばり強く守備をし、全員が連携して攻撃をすること。

森保さんは「組織としてのサッカー」に徹底的にこだわるのです。

＊＊＊

サンフレッチェは、高額の年俸を用意して、ほかのチームから実績のある選手をたくさん集められるチームではありません。選手を自分たちのチームで育てることは、監督である森保さんの大切な仕事のひとつです。

森保さんは、練習でいいプレーを見せた選手を、年齢や過去の実績に関係なくどんどん試合に出場させます。そのためサンフレッチェの練習は、実戦さながらの真剣なぶつかり合いで、「観戦料をもらっていい」と言われるほど激しく充実したものです。森保さんの指導も熱のこもったものになります。

「もっとはっきり！」

「スローイン、早く早く」

「かんたんにかわさせるな、もっと迫力をもって！」

大きな声がピッチにひびきます。激しくボールを競り合っていた選手の上着が音を立てて破れました。

全体練習の最後、選手たちが森保さんのまわりに集合します。その日の練習のふりかえりがおこなわれるのです。

「きれいに勝とうとしなくていい。泥くさく、かっこ悪くていいから、ねばり強く。そうやってチャンスをつくって最後は決めよう。いまは、いい刺激をあたえ合って、いいトレーニングができていると思うので、この調子で続けていきましょう。おつかれさまでした」

森保さんがしめくくりました。

ところが、練習はこれで終わりません。午前中の全体練習が終わったあと、午後3時から、また10人ほどの選手が集まりランニングをはじめました。

「二部練」とよばれるこの練習に参加しているのは、ベテラン選手のポジションをねらう若手選手たち。シーズン中でも、1週間に2日ほどはおこなわれるサンフレッチェの二部練は、Jリーグの中でもとくにきびしいことで知られています。

指導はコーチが担当していますが、森保さんも特別な事情のないかぎり必ずこの練習に立ち会います。監督が見ている練習は、若手にとっては絶好のアピールの場

全体練習のあと、二部練にのぞむ若手選手たち。

になり、何よりのはげみになるのです。

地味できびしい基礎練習をくり返す選手たちを見つめる森保さんには、選手たちへのこんな思いがあります。

（全員を平等に試合にだしてあげることはできない。でも、練習を通して彼らが成長して、次につながるようにしよう。選手を少しでものばすという気持ちをわすれずに、サポートしなければ……）

そんな森保さんだからこそ、とくに神経をすりへらすのが選手の起用です。

だれを試合にだすか？

それを決めるときに、森保さんが心にとどめている大切なことがありました。

「心」を預かる仕事

サッカーの監督にとって、選手はコマであるといえます。監督とは、そのコマを有効に活用しなければならない仕事です。しかし同時に、選手たちには心があり、その心を預かることも監督の仕事だと森保さんは考えています。それは、けっして順調だったわけではない、森保さん自身のサッカー人生から学びとったことでした。

森保さんは、長崎日本大学高校でプレーした高校時代、同じ長崎の強豪、国見高校になんども負けてくやしい思いをしました。卒業後は、実業団チームのマツダに入団しますが、そこでもほかの選手との実力差にショックを受けました。

つねに感じていた不安。「努力はむくわれるのか」「試合にでられるのか」……。

だから、森保さんには、不安や迷いをいだく選手の気持ちがよくわかるのです。

（選手はロボットではない。試合にでるために、日々努力をしてくれている。その心があるということを、わすれてはいけない）

その思いが、森保さんを二部練に立ち会わせ、それは選手たちにも伝わっていました。森保さんの下で実力をつけて、日本代表チームにも選ばれ、海外プロリーグへ進出した浅野拓磨選手は、サンフレッチェ時代をふりかえってこう話します。

「監督がいつも見てくれているということは、自分たちのモチベーションになりましたし、監督のためにも必ず結果をのこそうという気持ちになりました」

森保さんが選手の心を大切に思い、選手も森保さんの気持ちにこたえようとする。その循環が、チームの強いささえになっていました。

✳目先にとらわれず前を向く

2月下旬、2016年のJリーグの開幕です。

サンフレッチェはスタートダッシュに失敗しました。開幕からの3試合は、1敗2引き分けで勝ち星なし。森保さんが監督に就任してから、もっとも悪いスタートです。でも、森保さんにあせったようすは見られませんでした。いつもと同じように選手やチームスタッフと談笑し、次の試合に向けた準備をします。シーズン序盤の出遅れは不安ではないのでしょうか。

森保さんはおだやかな笑顔で、

「目の前の一試合のためにベストをつくすことしか考えないから」

と言いました。

終わった試合の結果に一喜一憂しない森保さんの態度は、チーム全体にもよい影響をあたえるようです。練習中も、選手たちは明るい笑顔を見せ、生き生きした雰囲気があります。10年以上サンフレッチェでプレーしてきたベテランで、Jリーグの年間MVPに選ばれたこともある、チームの中心選手佐藤寿人選手は、

「森保監督は、目先の結果にあまりとらわれず、シーズンを通して大きい成果をだそうと言ってくれる。そこが本当に心強いです」

と言い、やはり落ち着いた表情を見せました。

シーズンははじまったばかり。森保さんもチームも、しっかり前を向いています。

5月下旬。サンフレッチェは、先シーズン最後まで優勝争いをしたガンバ大阪と対戦しました。強敵との試合に気合いが入りましたが、結果は3点をとられて完敗。この敗戦でサンフレッチェは、18チーム中8位となってしまいました。

気落ちする敗戦後のロッカールームで、森保さんは選手たちに語りかけます。

「向こうのほうがほんのちょっとだけ上回った。1点目をとられたときも、ほんのわずかの隙をつかれただけ。勝つことに対する執念が向こうのほうが上回っていた。ちょっとだけ。でもそのちょっとで結果が大きく変わってしまう。このくやしさを、絶対にわすれないようにしよう。そして、次回ガンバと対戦するときには、このくやしさを晴らそう！」

選手たちも、森保さんも、この敗戦を胸にきざみこみました。

なかなか波に乗れない。なんとかしてこの流れを変えたい。

そこで森保さんは、次のアビスパ福岡戦に、二部練に熱心に取り組んできた宮吉拓実選手をはじめて起用することにしました。宮吉選手はサンフレッチェに移籍し

ⓒJリーグ／サンフレッチェ広島

アビスパ福岡戦にのぞむサンフレッチェイレブン。

てきたばかりですが、10代の頃から各年代の日本代表に選ばれてきた得点力のある若い選手。練習でも積極的にゴールをねらっていた姿勢を評価し、チームを目覚めさせる起爆剤として抜擢したのです。

森保さんのこの選手起用が、ぴたりと当たりました。移籍後リーグ初先発の宮吉選手が2点をあげる大活躍。チームになじんできたウタカ選手も点をとり、サンフレッチェは4対0で快勝しました。

こつこつ努力を重ねた選手が、森保さんの期待にこたえて、チームに勢いをあたえる貴重な勝利をもたらしたのです。歯車がかみ合ってきた手ごたえがありました。

6月上旬。サンフレッチェは少しずつ調子を上げていました。順位も6位まで上がり、さらに勢いに乗っていきたいところです。

しかし、そんな中で不調に悩む選手がいました。柏好文選手です。

柏選手はもともと別のチームに所属していましたが、そのスピードとスタミナにほれこんだ森保さんが、直接交渉して獲得した選手。昨シーズンは、森保さんの期待にこたえて大活躍しました。

柏選手のポジションは、ウイングバック。ウイングバックは、ピッチのサイドを走り、攻撃をしたり守備をしたり、両方の役割をこなすポジションです。

柏選手の長所は、攻撃にも守備にも積極的に参加するところです。相手にボールをうばわれたときは自分たちのゴール近くで体をはり、反対に攻撃のときには相手ゴール近くまで攻め上がり、90分間ピッチ全体をかけ回るタフな走りが柏選手の強力な武器。この走りでチームをささえ、レギュラーをつとめてきました。

ところが、森保さんは柏選手を前の試合でスタメンから外したのです。

原因は、武器である走りを封じられてしまったことです。相手チームは前のシーズンで活躍した柏選手を止めるため、走るコースを徹底的にふさぎました。そのため柏選手は、思うようにプレーできなくなってしまったのです。

本来の自分のプレーができずにスタメンから外された柏選手は、練習後、ひとり黙々とグラウンドを走ります。

そして、柏選手を外した監督である森保さんは、柏選手の姿をじっと見つめていました。

■ サッカーのポジションの例

サッカーには大まかに、ゴール前にいるGK、おもに守備を担当するDF、守備と攻撃をこなすMF、おもに攻撃を担当するFWの4つのポジションがある。

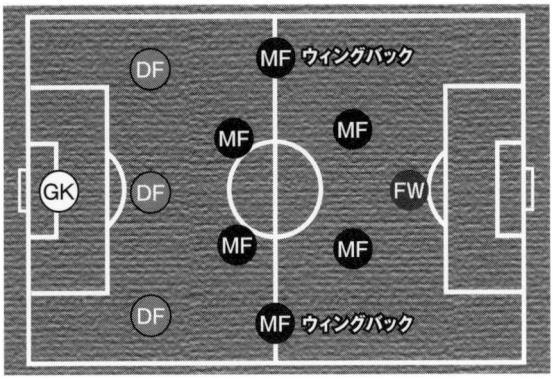

森保さんには、柏選手に伝えたいことがあります。それは、森保さん自身が苦しい経験によって胸にきざんだ信念でした。

ドーハの悲劇

「ドーハの悲劇」とよばれている試合があります。日本サッカーの歴史にのこる、衝撃的な試合です。

１９９３年、日本代表チームは、ワールドカップ出場をかけて、中東カタールの首都ドーハでアジア最終予選を戦っていました。

サッカー世界一の国を決める大会、ワールドカップ。世界最大のスポーツイベントともいわれるこの大会に、当時日本は一度も出場したことがありませんでした。以前の日本では、サッカーはそれほど人気のあるスポーツではなく、ワールドカップのことも一般にはあまり知られていないほどでした。

しかし１９９３年、プロリーグであるＪリーグが開幕。それと同時に大ブームになり、社会現象となりました。そのＪリーグのスター選手たちが結集して、ワールドカップ出場のための予選を勝ち進んでいたのです。国内のサッカー熱はますますもり上がりました。そして、ワールドカップ出場まであと1勝となっただいじな最終戦が、ドーハでのイラク戦。日本では、深夜にもかかわらず、大勢がテレビで観戦していました。

森保さんは代表選手に選ばれ、この試合に出場していました。

森保さんのポジションはミッドフィルダー。とくに守備を得意にしていて、相手のボールをうばって攻撃の芽をつむ、堅実なプレーに定評がありました。このイラク戦でも、森保さんはひたすら走って相手のボールをうばい続けていました。

試合は2対1で日本がリード。後半45分をすぎてロスタイムに入り、だれもが日本の勝利を確信していました。ついにワールドカップへ！

ところが、これがこの試合の最後のプレーになるだろうというイラクの攻撃で、悲劇がおきます。

イラク選手のヘディングシュートが、日本のゴールキーパーの頭の上を越え、ゴールに吸いこまれたのです。

日本は土壇場で同点に追いつかれてしまいました。のこり時間はもうありません。間もなく、試合終了のホイッスルが鳴りました。

引き分け。

日本選手はピッチにたおれこみました。あと一歩のところで、ワールドカップ初出場の夢がくずれさったのです。森保さんも頭の中が真っ白で、まともにものを考えることができません。ただ、無念さだけがぽっかりと浮かんでいました。

（どうしてワールドカップにでられないんだろう……）

日本に帰国してからも、大きな目標と栄光を一瞬で失ったショックからはかんたんに立ち直ることができませんでした。森保さんの心は折れてしまっていたのです。

でも、サッカーをやめることはできませんでした。

自分をつらぬけ

立ち直り、再びピッチに立つことを選んだ森保さん。その頃のことをふりかえって、森保さんはこう話します。

ぶれない信念が、勝利をつかむ

森保一（もりやすはじめ）

写真：読売新聞社

試合終了（しゅうりょう）後、ぼう然とする日本代表の選手たち。

「サッカーでもほかのことでもそうだと思いますが、心が折れても、人生は続くんです。生き続けなければならない。それなら、自分にできることをやるしかない。自分をつらぬく。自然体で自分らしく。思いきって、腹をくくって、自分の長所を生かして、やっていくだけ。そう気づいたんです」

壁につき当たっている柏選手に伝えたいのは、この思いでした。

ある日の練習中、森保さんは柏選手に声をかけ、しばらくふたりでプレーの改善について話し合いました。その中で森保さんは、はじめて柏選手のプレーを見たときの印象をなつかしそうに話しました。

「まだ相手チームにいたときにさ、『よし、こいつもうへばったな』と思ったのに、そこからまた走られて『こいつ、まだ走れるのか！』って、びっくりしたんだよ」

森保さんは、柏選手に自分の強みを思い出すよう、伝えたのです。

自分のやり方をつらぬけ。

どんなにマークされても、しつこく走り続けろ！

柏選手（左）に声をかける森保さん（右）。

6月中旬、ヴィッセル神戸戦で、森保さんは柏選手をスタメンに選びました。

柏選手は、前半から得意のドリブルで敵陣を突破し、積極的に攻撃に参加します。本来の走りがもどっていました。きびしくマークされて、なんども転倒。ベンチの森保さんが心配そうに立ち上がります。

しかし、柏選手の走りは少しもおとろえません。そして、途中交代することなく、試合終了までの90分、距離にして12キロ以上を力強く走り続けたのです。森保さんの期待にこたえたみごとな復活でした。

試合は1対1の引き分け。勝ち点1を獲得し、チームは5位に浮上しました。

✳逆境を率いる

開幕から4か月が経過して、サンフレッチェは18チーム中5位につけていました。悪い順位ではありません。しかし、チームの状態はけっしてよくありませんでした。故障者があいついで数人の選手が入れかわり、チームの連携がみだれていたのです。森保さんはなんとかチームをまとめようと苦心していました。

不安をかかえながら、サンフレッチェは3位の浦和レッズとの試合にのぞみました。ここで勝てば、順位を上げて優勝争いの一角にくいこむことができるだいじな試合です。

前半、サンフレッチェは1点とりますが、レッズの激しい攻撃にあい2失点。その上前半終了間際、キャプテンであり攻撃と守備のかなめである青山敏弘選手が、足を痛めて途中交代せざるをえなくなります。チームに動揺が走りました。

この緊急事態にチームをささえたのは、青山選手からキャプテンマークを託された塩谷司選手。塩谷選手はディフェンダーですが、攻撃も得意な選手です。積極的に攻撃に参加し、後半の19分にシュートを決めます。同点！　チームに勢いがでます。

たたみかけるようにその5分後にもう1点、また塩谷選手です。大歓声のスタンドに、塩谷選手が両腕を広げてこたえます。

4対2。アクシデントをはね返しての劇的な逆転勝利となりました。

この勝利でサンフレッチェは4位に浮上。しかし、森保さんは楽観していませんでした。試合後の記者会見で感想を聞かれた森保さんは、めずらしく険しい表情でこたえました。

「すでに故障者が数人いますし、今日の試合で青山もけがをしました。これからきびしい戦いになると思います」

そして、この森保さんの予想は的中するのです。

7月に入って、サンフレッチェの鉄壁の守備に問題がではじめました。連携のミスが重なり、3試合で9失点。これは森保さんが監督に就任してから、最悪の失点数です。

追い打ちをかけるように、チームから離脱者がでます。今シーズン、フル出場中で、6月のレッズ戦でも大活躍した塩谷選手が、オリンピック出場のため大会期間中チームをはなれなければならないのです。

チームは最大の逆境をむかえました。

しかし森保さんは、この危機を乗りきるための秘策を用意していました。

「いいよ、航平。そうそう！」

練習中の森保さんが熱心に声をかけているのは、清水航平選手。清水選手はもともと攻撃の得意な選手ですが、スピードと強いバネがあり、ディフェンダーとしての能力も十分もち合わせています。森保さんは、塩谷選手がぬけてもろくなる守備を、清水選手をディフェンスに回すことで補強しようと考えているのです。

「ついて行け、航平。最初がだいじ。おいて行かれないように」

「そうそう、思いきってスピード上げて行け！」

大胆なポジション変更だけでなく、森保さんは、チーム全体の組織力をさらに強めることでこの危機を乗りきろうとしています。

「切りかえて、守備！　すぐもどって。かんたんに走らせるな！」

「ボールが動いているのに、じっとしていたらだめだ」

「その次の動きだよ、すぐにもどって！」

選手たちは、さまざまな場面からすばやく守備にもどる練習をくり返します。

「さあ、行こう！」

森保さんが大きな声で選手をはげます。

森保さんには、チーム状態がきびしいこのときに、選手たちに伝えたいことがありました。それは、「自分をつらぬく」というあの信念です。

逆境でこそ、基本に立ちもどれ

7月下旬。サンフレッチェは、自分たちの全員サッカーの真価をためす大切な一戦をむかえました。

対戦相手は、2か月前に完敗してくやしい思いをさせられた、あのガンバ大阪。主力選手を欠き、不安をかかえるサンフレッチェは、勝利への執念でガンバを上回れるでしょうか。自分たちの全員サッカーをつらぬきとおせるでしょうか。

チームの目標は失点ゼロ。徹底的に全員で守ることです。状況が悪いときにこそ、自分たちのやり方をつらぬくこと。自分たちの姿勢をしっかり見せること。

それはいってみれば、ふだんからの生き方、サッカーとの向き合い方そのものが最強の戦術になるということでもありました。

一人ひとりの地道な努力と、それを結集した全員での組織サッカー。森保さんは、その基本を武器に、この逆境に挑もうと考えていたのです。

全員で攻め、全員で守る

選手はみんなわかってくれていると、森保さんは信じています。

試合開始のホイッスルが鳴りました。

ⓒJリーグ

相手チームの本拠地でむかえたガンバ大阪戦。

前半は、サンフレッチェのペースで試合が進みました。全員が連携して、攻撃と守備をすばやく切りかえる、サンフレッチェらしいサッカーです。

タックルを受けてたおされた柏選手は、すばやくおき上がると全力で守備に走っていきます。

宮吉選手がはなったするどいシュートは、おしくもクロスバーに当たってはね返ってしまいました。ゴール前でウタカ選手のパスがきれいにとおり、チャンスをつくります。

ディフェンスに起用された清水選手の

プレーも光っていました。ゴール近くにせまってきた相手からボールをうばうと、もち前のスピードを生かして相手ゴール前までボールを運んでいき一気に逆襲。チャンスをつくります。森保さんの注文どおりのプレーでした。

前半は両チーム得点なし。チームの目標である無失点は守られています。

しかし、後半7分。ガンバに先制点をゆるしました。パスがふたりの選手に当たって思いも寄らないところに転がり、ガンバはそのチャンスをのがさず得点につなげたのです。

サンフレッチェにとっては運の悪い失点でした。

森保さんが立ち上がりました。審判に選手の交代を告げます。ベンチからあらわれたのは、けがから復帰したばかりのキャプテン、青山選手。サポーターが大きな声援で青山選手をむかえます。

青山選手を中心に、サンフレッチェの選手は全員で走り続けました。ピンチには全員で守り、うばったボールは全員で前線へ。足を止める選手はいません。たおされてもたおされても立ち上がります。それでも点は入りません。時間がすぎていきます。

のこり15分で、森保さんが再びメンバーチェンジを決断。攻撃の切り札、ベテランの佐藤寿人選手を投入します。

攻撃に勢いが加わりました。サンフレッチェは次々にガンバゴールにシュートをはなちますが、なかなか枠の中に入りません。

森保さんはもう立ち上がったままです。手をたたいて選手をはげます。森保さんの声は、スタンドの大声援にかき消されてしまっています。でもきっと、選手たちには届いているはずです。

「だいじょうぶ、だいじょうぶ。さあ、行こう！」

その声を受けて、選手たちはひたすらボールを追い続けました。

しかし、サンフレッチェ無得点のまま、試合終了のホイッスル。

サンフレッチェは勝つことができませんでした。整列した選手たちの顔には、くやしさがいっぱいです。

でも、森保さんの表情は晴れやかでした。

サンフレッチェらしいサッカーをチームがつらぬいた。

大きな結果を見すえる森保さんには、この一試合の勝敗より、それが何よりも大きな意味をもつことでした。

自分をつらぬくことでしかたどりつけない場所があるということを、森保さんは知っているからです。

※森保一さんは、２０１７年7月にサンフレッチェ広島の監督を退任し、同年10月、２０２０年東京オリンピックサッカー男子日本代表監督に就任しました。

森保一（もりやすはじめ）

プロフェッショナルとは

逆境（ぎゃっきょう）に立たされたり、
自分の思いどおりにいかなかったり
するときにも、基本（きほん）に忠実（ちゅうじつ）に、
地道にやり続けられる人。

第302回2016年8月29日放送

こんなところがプロフェッショナル！

名将、森保一さん。監督として、選手と話すときのぶれないこだわりがあります。どんなこだわりかな？

必要と思えば、いつでもどこでも話す

森保さんは選手に伝えたいことがあるとき、いつでもどこでも「ここだ！」と思ったタイミングで話しかけます。おたがいの話が心にすっと入っていくタイミングを見きわめて話すのです。

©サンフレッチェ広島

声をかけるときは質問から

森保さんは、話の切りだし方にもくふうをしています。自分の意見を選手に伝えるとき、まずは相手の意見を聞きます。人それぞれ感じ方や考えがちがうから、一方的にならないよう聞いてあげたいと思っているのです。

話の最後は必ず笑顔で！

下を向いたまま終わるのは、次へのいいエネルギーにはならないと森保さんは考えます。いいイメージをもって次に進めるように、話の最後は笑顔で終わるよう心がけています。

プロフェッショナルの格言

どんなときも信念をつらぬく、森保一さんのことばを心にきざもう。

逆境でこそ、自分の基本に立ちもどれ

逆境でこそ、自分自身が実力をだせるときだという森保さん。苦しいとき、状況が悪くなったとき、そこをたえて、いかにふだんどおりのことができるかが大切なのです。

心があることをわすれないようにしている

「選手はロボットじゃない。試合にでるために、一生懸命努力をし続けてくれている。そこには心がある」。森保さんはいつも、そのことをわすれないようにしています。

心が折れても人生はつながっていく

心が折れることはいっぱいある。でも人生は続くから、やり続けなければいけない。結局は自分なりの生き方をつらぬくしかない。これが森保さんの原点です。

盤上の宇宙、独創の一手

囲碁棋士

井山裕太

白と黒の石で陣地をうばい合う囲碁。
戦法は無限にあり、「盤上の宇宙」ともいわれる頭脳戦である。
この囲碁棋士として注目をあびる若者がいる。
12歳でプロデビューし、20歳で史上最年少の名人位に輝いた。
だれもがおどろく独創的な碁で相手を圧倒し、
24歳で7つのタイトルのうち6つを獲得、
囲碁界のスターへとかけのぼった。
それでもつきまとう迷い。
「これは正しい手なのか?」
彼は、自分を信じきって戦えるのか。
日本代表として世界の強敵に挑む
魂をこめた一手一手を追う。

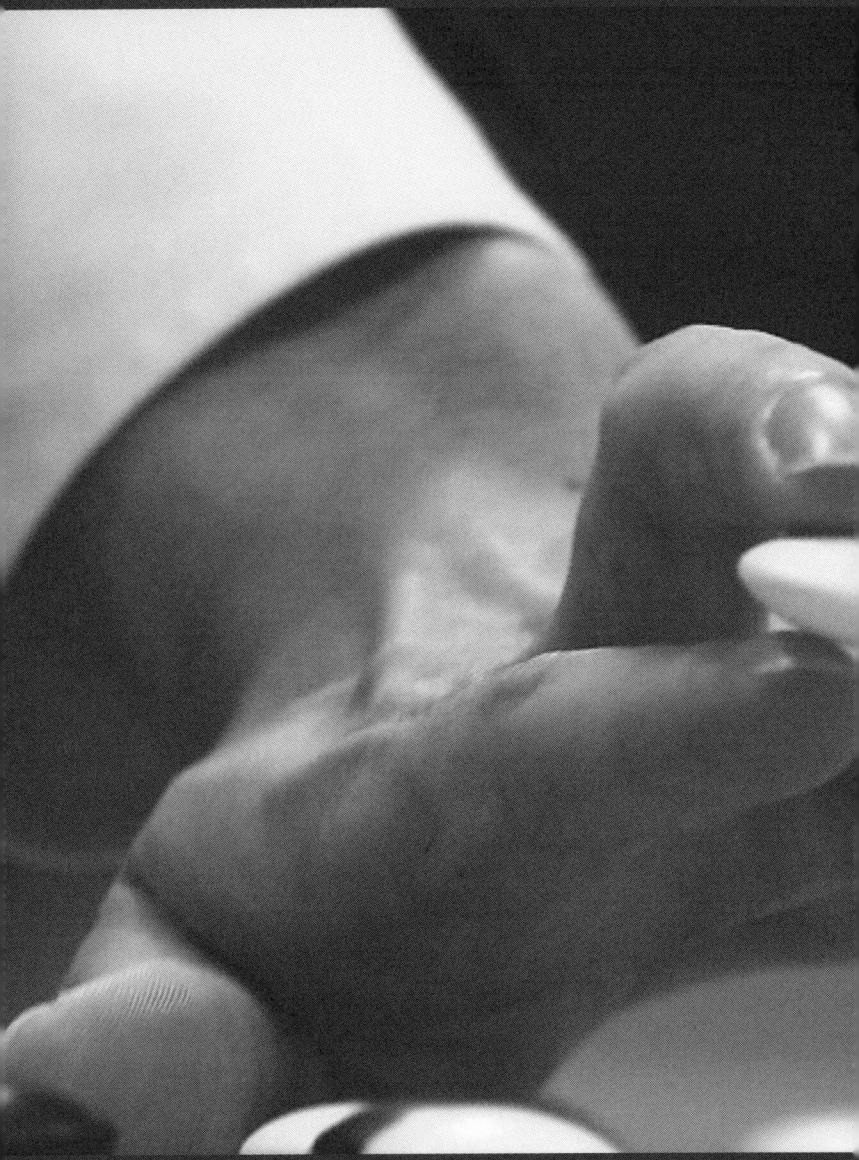

✳囲碁棋士という生き方

囲碁の対局がはじまる前の、対局室。

ひざをそろえて正座をし、白い布でていねいにゆっくりと碁盤をみがいている若者がいます。

静かな表情のその人は、囲碁棋士、井山裕太さん。これからこの碁盤で勝負にのぞみます。

対局の前に碁盤をみがくのは、棋士にとってだいじな儀式。井山さんもこうして碁盤と向き合いながら気持ちを集中させていくのです。

対戦相手が入ってきました。向かい合って座り、しばらく静かな時間が流れ、おたがいの緊張が高まっていきます。

先に石を打つのは井山さん。ぴしりという澄みきった音をひびかせて、碁盤の上に最初の石を打ちました。

長い戦いのはじまりです。

井山裕太

盤上の宇宙の星

囲碁は陣取りゲームです。

ふたりでおこない、ひとりは黒い石を、もうひとりは白い石をつかいます。

囲碁の盤の上には、格子状に線がひかれています。縦19本、横19本。縦横の線がまじわるところに、黒、白の順で石を交互に打っていきます。

碁盤を広い土地だとします。そして、石は「ここからは自分の陣地だ」としめす目印。自分の石で囲った場所が自分の陣地になり、この陣地のことを「地」といいます。より多くの地を獲得したほうが勝ちです。多くの地を得られるように、また相手の地をへらせるように、石を打っていきます。

碁盤の上に石を打てる場所は361か所。その戦法や戦術は無限にあります。

囲碁はとても古いゲームです。

どこではじまったかもはっきりしませんが、4000年以上前の中国ですでにおこなわれていたようです。

■ 囲碁ってどんなゲーム？

囲碁は、黒と白の碁石を交互に盤に打ち、碁石で囲った面積の大きさを競うゲームです。相手を妨害しながら「地」とよばれる陣地を増やしていき、最後に陣地の広かったほうが勝ちです。

■ 囲碁のルール

1 黒→白の順に交互に石を打つ。

2 縦の線と横の線の交差しているところに石を打つ。
右の図は、❶→②→❸→④の順に打ったところ。

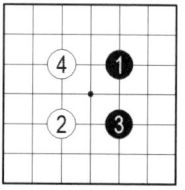

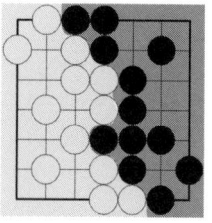

3 陣地の境界線が決まると終了（終局）。

4 石は逃げ道をなくすと(囲むと)とれる。
右の図は白①を打ったことで黒石△の逃げ道をなくしているので白は黒石をとれる。

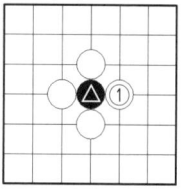

5 石の逃げ道がないところ「着手禁止点」は打てない。右の図の●は着手禁止点。

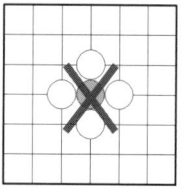

井山裕太

日本へ伝わったのは、１５００年ほど前と考えられています。現在では中国や韓国、日本といった東アジアでとくにさかんですが、世界中に囲碁を打つ人がいます。

日本には、井山さんのような囲碁を職業とする棋士がいます。日本で囲碁棋士になるためには、プロ団戦の養成機関による採用試験（対局）を受けて、一定の成績をおさめなければなりません。プロになれるのは1年に数人。難関です。

難関を突破して棋士となっても、プロの世界は楽ではありません。対局料が収入源となる囲碁棋士は、トーナメントにでて勝ち続けなければ、収入がとだえてしまいます。また、トップ棋士になると、2日かけて15時間以上も対局が続くことがあります。その間、緊張と集中を保てるだけの強い心と体が求められます。

囲碁棋士は、囲碁の大会に出場して優勝することを目標にしています。とくに重要なのが、七大タイトル戦とよばれるものです。棋聖戦、名人戦、本因坊戦、王座戦、天元戦、碁聖戦、十段戦。井山さんは、２００９年、20歳の若さでこのタイトル戦のひとつ、名人戦で優勝しました。そして、その4年後の２０１３年には、７つのうち6つのタイトル戦で優勝して六冠を達成。同時に6つのタイトルの保持者

■ 七大タイトル戦

国内でおこなわれている主要な囲碁のタイトル戦

棋聖戦	1977年にスタート	読売新聞社主催
名人戦	1976年にスタート	朝日新聞社主催
本因坊戦	1940年にスタート	毎日新聞社主催
王座戦	1953年にスタート	日本経済新聞社主催
天元戦	1975年にスタート	新聞三社連合主催
碁聖戦	1976年にスタート	新聞囲碁連盟主催
十段戦	1961年にスタート	産経新聞社主催

になったのは、日本の囲碁の世界で井山さんがはじめてで、新聞の号外が出るほどの快挙でした。これによって、井山さんの名前は囲碁界の星として、日本中に広く知られるようになったのです。

はなやかな実績とは対照的に、井山さんの毎日は囲碁中心の地道なものです。1年の半分は、各地でおこなわれる対局に出向いています。自宅にいるときも、碁盤に向かって、対局をふりかえって分析したり、新しい打ち方を考えたり、研究をおこたりません。

黒と白の石を並べて陣地を取り合う。囲碁はシンプルな勝負です。しかし、その石の打ち方は無数にあり、囲碁棋士は、ひとつの石を打つのに千通りの可能性を考えるとまでいわれます。

囲碁は、無限の可能性を秘めた盤上の宇宙。
井山さんは、その無限を追求し続けているのです。

✳名人戦

２０１３年。井山さんは名人戦を戦っていました。碁盤をはさんで向かい合っている対戦相手は、前年の名人タイトル保持者で、11歳年上の山下敬吾さん。平成の名棋士のひとりといわれる実力者です。名人戦は先に4勝したほうが勝ちで、この対局が1勝1敗でむかえた3局目にあたります。過去の対戦成績はほぼ互角。おたがい、一瞬の油断が命取りになります。

対局中盤。山下さんの白石は、盤の4か所に陣地を確保しかけていました。井山さんの黒石も、だいたい同じくらいの面積を押さえています。このタイミングで井山さんが思いきった手を打ちました。

山下さんが、白石で囲みつつあったエリアに黒石をひとつ打ちこんだのです。

不意をつかれた山下さんが、思わず、

「うーん……」

とうなりました。

別室で観戦していた棋士たちもどよめきます。

「失敗するリスクもあるし、井山さんとしてもこわいはずの手。これで負けになる可能性もある」

「井山さんらしさが出ている手だと思うけどね。これは井山さんの気持ちだよね。気持ちで打ってる」

いろいろな感想や分析が飛びかいます。

多くの棋士が予想したのは、井山さんが自分の陣地にしかけていた盤のすみをかためるための守りの手を打つことでした。盤のすみは、効率よく地を得ることができる大切な場所だからです。

ところが井山さんが選んだのは、そのすみの守りを捨てて山下さんの地を荒らす攻撃の手。

ベテラン棋士たちをうならせるこの大胆さこそが、井山さんの囲碁なのです。

独創の碁

井山さんが理想としているのは、自分にしか打てない囲碁です。井山さんは、人まねをしていたら勝てない、と話します。

「だから、常識ではここに打つとわかっていても、自分はそうじゃないところに打ちたいと思ったら迷いません。自分の打ちたいところに打ちます」

経験を積んだ棋士同士では、手を読む力はほとんど差がありません。その中で井山さんは、直感で打ちたいと感じた手をとても大切にします。そして、予想をうらぎる、常識外れにも見える一手から、新しい展開を生みだしてきたのです。

思いがけない攻撃を受けて一瞬ひるんだ山下さんも、すぐさま反撃を開始しました。井山さんが打ちこんだ黒石をとり除こうと、白石がおそいかかってきます。

井山さんは、上を向いて何か口の中でつぶやきました。痛いところをつかれたようです。

しかし、たくみに黒石をつないで切りぬけます。

せりあいの末、井山さんは山下さんの白の陣地をけずり、自分の陣地をつくるための足がかりをつくることに成功しました。

勝負は井山さん有利に傾きました。それでも、井山さんの積極的な打ち手は止まりません。次々に大胆な手を打ちます。リスクをおそれず思いきったところへ切りこんでいきます。

対応しきれなくなった山下さんがうなだれました。

対局開始から2日がかりの17時間半。

井山さんは、山下さんを押しきって名人戦第三局に勝ちました。これで井山さんは2勝1敗です。

名人戦第五局をむかえました。第三局に続いて第四局に勝利した井山さんが3勝1敗でリードしています。この対局に勝てば、井山さんは名人位を獲得できるのです。序盤から激しいかけひきがくり返され、夜に入って打ち掛け（中断すること）。翌朝再開されても、ほとんど差のつかない互角の戦いが続きます。

井山さんの黒石が盤の片側の一帯を押さえていますが、山下さんの白石も中央の広いエリアをゆるやかに押さえていました。

打ち手がちょうど100手を超えたとき、勝負の山場がやってきました。

井山さんが自分の地にしかけていたすみのエリアがピンチです。ここに白石を打たれれば、すみは山下さんの地になってしまいます。でも、井山さんがすみを守る石を打てば、山下さんは中央の広い地を確保するための手を自由に打てま

勝負の中盤、一手に悩む井山さん。

す。盤の上に乗りだすようにして、なんども首をひねって考えこむ井山さん。
別室で観戦していた棋士たちの意見は、
「井山さんは、面積のせまいすみを捨てて、広い中央を切りくずすべきだ」
ということで一致しました。井山さんの手を見守ります。
1分近く悩んだ井山さんが、ゆっくりと石を打ちました。それは、すみを守るまさかの手。対戦相手の山下さんが座り直します。
別室の棋士たちも、予想外の手に
「信じられないですね。井山さんじゃなければ打ちませんよ」
と、おどろいています。
対局は続きます。
山下さんは、すかさず中央の白の地を守る石を打ちました。いやだな、という表情を見せたあと、井山さんは気をとり直したように、白石でほぼ押さえられた中央のエリアをじっと見つめます。まだ、この中央のエリアをあきらめてはいないのです。井山さんには、手遅れではないという直感がありました。

（足がかりはなくても、切りくずせる）

中央のエリアに黒石を打ちます。そして、また一石。

井山さんはするどい目で盤上をにらみ、どんどん切りこんでいきます。

安全は、最善の策ではない

井山さんには、「安全な手」に対する独自の考え方がありました。

（「安全な手」は、もっともよい手より少し悪い九十点の手。その足りない十点のために、勝敗ががらりと入れかわってしまうことがある。「安全な手」は、本当は「安全」ではないのではないか？）

安全は最善の策とはかぎらない。そう考える井山さんは、ときとして、安全より最善と感じた危険な手を選ぶのです。

井山さんの強気の石が、じょじょに中央の白地の中に黒石の足がかりをつくりはじめます。なんとかくいとめようとする山下さん。黒地を広げようとする井山さん。深い探り合いに長い時間をつかう、息づまる戦いになりました。

やがて、山下さんが、盤上を見つめながら、だれに言うともなく、
「ひどくなってしまいましたね……」
とつぶやきました。中央のエリアは白の地が大きくけずられ、井山さんの黒の地がしっかり形成されていました。
夜8時すぎ。
18時間におよぶ長い戦いを制して、井山さんが名人の座を獲得しました。対局室に記者たちが入っていき、写真の撮影がはじまります。
「とりあえず、終わってほっとしました」
と話して笑顔を見せる井山さんでしたが、長時間の緊張と集中のつかれはかくせません。大きく息をついてホテルの部屋に引きあげていきました。
大きな危険をおかしてでも、最善の手を打ち続ける。井山さんは、日々、ぎりぎりの戦いをしているのです。

＊＊＊

各地での対局の合間、地元にもどった井山さんが必ず出かけていくところがあります。若手棋士たちと開いている研究会です。10代、20代の棋士だけで、なごやかな雰囲気の中、自由に意見をぶつけ合います。格下の棋士であっても、そのみずみずしい感性は参考になり、井山さんには貴重な勉強の場です。

今日も碁盤を囲み、みんなで課題を検討しています。井山さんが自分の考えた手を提案すると、仲間がからかいました。

「まいった、やばい、天才」

ひやかされた井山さんは、

「うるさい」

と笑います。

「ここは、下があれやから、何もないから、やっぱり打ちにくいんかな」

碁盤の上の石を、何通りにも打ち直しながら、リラックスして自然に大阪のことばがでてきました。

こうしてわいわいするのが楽しいということも、ここに来る理由のひとつだと井

小学生と対局する井山さん。どんなにいそがしくても必ず顔をだす。

山さんは言います。

「実際の勝負は孤独な戦いなので、いい気分転換になっているのかな」

さらに、この研究会には小学生もいます。小さな子どもは、おとなではいろいろ考えて打てないような手を思いきりよく打ってくる、と言う井山さん。小学生も井山さんに刺激をくれる大切な仲間です。

小学生の女の子と井山さんの対局がはじまりました。ぴんと背すじをのばした女の子の迷いなく打った一手が、予想外のものだったのでしょうか、井山さんは頭をかかえてしまいました。

勉強と息ぬきの両方をかねた大切な時間

です。

✳自分という壁

日頃の研究や分析、仲間との研究会などのほかに、井山さんには囲碁の勉強のために取り組んでいることがあります。

日本棋院の囲碁殿堂資料館に保管されている、過去の名棋士たちの棋譜を調べているのです。棋譜は、囲碁の勝負の経緯を記した記録。野球やテニスなどのスコアのようなものです。

井山さんは、うすい和紙をとじて冊子にした、手書きの古い棋譜の表紙を慎重に開きます。江戸時代、無敵の名棋士といわれた本因坊道策の棋譜。貴重な歴史資料です。そっとページをめくって、ていねいに読んでいきます。

やがて井山さんは、棋譜を見ながらそこに書き記されているとおりに碁盤にひとつずつ石を並べはじめました。よみがえる、３００年以上前の名棋士の碁。そこには、井山さんが求めているものがありました。

（やっぱり強い人は、自分のスタイルをもっている。自分にしかできないこと、だれにも負けない絶対の自信をもっている打ち方。それは、いつの時代にでも大切なはずだ）

よい手を思いつくだけではだめだと、井山さんは考えています。

どんな手であっても自信をもって打ちきること。

たったひとりの戦いで、最後まで自分を信じぬくこと。

それは、けっしてかんたんなことではありませんでした。

井山さんが囲碁をはじめたのは、5歳のときでした。お父さんが自分用に買ってきた囲碁のテレビゲームを借りて遊びはじめたのがきっかけです。

コンピューターと対戦するうちに、たちまち強くなった井山さん。お父さんはすぐにかなわなくなってしまいました。

翌年、おとなにまじってテレビの囲碁選手権に出場すると、幼稚園生の井山さんはベテランを相手に5人ぬきの大活躍。これがきっかけで、この番組で解説をつとめていた石井邦生さん（プロ棋士九段）に、弟子入りすることになります。

しかし、井山さんはまだ6歳。石井さんは、電車でかよって囲碁の勉強をすることで、井山さんがつかれてしまうと心配しました。そこで、当時普及しはじめたばかりのインターネットをつかって、井山さんの指導をすることにしました。顔を合わせずに弟子を教えるというのは異例の指導法でした。

石井さんは、小さな井山さんに細かい技術は教えず、ひとつのことを言い続けました。

「元気いっぱいに打ちなさい」

師匠である自分の個性や方法を押しつけるのではなく、井山さんの自由な囲碁をだいじに育てたのです。

この石井さんの指導の下、井山さんはみるみる上達していきます。8歳で小学生名人。12歳でプロデビュー。16歳のときには、プロ棋戦で最年少優勝をはたし七段に昇格。あっというまにトップ棋士の仲間入りをはたしました。

しかし、その頃、順調そのものだった道のりに、はじめて壁が立ちふさがります。だんだん思うように勝てなくなってきたのです。

トップ棋士との対戦では、肝心なところで慎重になり、思いきった手が打てません。負けたくないという気持ちが強くなるほど自分の持ち味がだせなくなり、だいじな対局で逆転負けが続きました。

どこにもぶつけることのできないくやしさ。もやもやしたものが消えません。負けた対局のあと、家に帰る気にもなれず、駅のホームのいすに座ってぼんやりすることもありました。

なんとかして壁を乗りこえようといろいろなことをためしました。読みの正確さを高めるために詰碁という囲碁の練習問題をひたすら解いてみたり、長時間の対局にたえられる体力をつけるために坂道でランニングをしたり。まだ10代だった井山さんは、必死でもがいていました。

自分を信じぬく力

盤上の宇宙、独創の一手

井山裕太

長い試行錯誤が続いていた19歳のとき、井山さんは、予選と挑戦者を決めるリーグ戦を勝ちぬいて、はじめて名人に挑戦することになりました。

対戦相手は、台湾出身の張栩さん。井山さんが目標にしてきた最強の棋士です。

井山さんは、2連勝でよいスタートを切りました。ところが、勝つにつれて、言いようのない苦しさを感じるようになります。

負けていても、張さんは平然と打ち進めてくるのです。あせりも不安も見せないするどい視線。碁盤をはさんだ45センチ先から伝わってくる、こちらをためしているような独特の空気。そのときの圧倒されるような感覚を、井山さんはいまもわすれられないと言います。

「張さんの打つ手からは自信のようなものがひしひしと伝わってきました。張さんに打たれると、それが正しいのかな、と思ってしまった」

どこに打っても自分の手がまちがっているような錯覚にとらわれました。それを最後までふりはらえず、井山さんは続く対局で連敗し、結局、3勝4敗の逆転負けをしました。

最終戦の対局後、ひかえ室にもどった井山さんは、プロになってからはじめて泣きました。負けたことよりも、自分を信じて打ちきれなかったことがくやしくてたまりませんでした。

井山さんは、この敗戦ではっきりと気づいたのです。

（自分に欠けているのは、自分を信じぬく力だ）

このくやしさを心にきざみつけた井山さんの碁は、変わりました。

一手一手、「自分はこう打つ」と魂をこめる。批判をおそれず、大胆に。めざすのは、どんな状況でも自分を信じぬくゆるぎない境地です。

勝負師としてのはてしない修業が続きます。

✳世界に挑む

２０１３年、囲碁の世界一を決める国際トーナメント、ＬＧ杯に出場するため、井山さんは韓国に向かっていました。

かつて、日本の囲碁は世界最強といわれていました。しかし近年は、中国や韓国に追いこされ、日本は8年以上大きな国際大会での優勝から遠ざかっています。

とくに手ごわいのは中国です。国際大会をなんども制覇した古力さん。現在、実力ナンバーワンともいわれる陳耀燁さん。世界のトップを中国の棋士たちが独占しています。

井山さんは、この中国棋士の勢いをなんとかくい止めたいと思っていました。世界戦への気持ちを、井山さんは、こう話します。

「昔は、日本の名人なら世界の名人だったわけですが、いまはそうではありません。もう一度、日本の囲碁を世界のトップにしたいとぼくは思いますし、日本の囲碁ファンの方たちもそれを期待していると思います。それで、自然に世界で戦うことを意識するようになりました」

おだやかな口ぶりの中にも、強い責任感と熱い闘争心が見えかくれしていました。日本を代表する棋士の誇りをかけて、井山さんは世界に挑みます。

LG杯1回戦。

井山さんは中国の若手棋士と対戦し、勝利。続く2回戦では韓国のトップ棋士を破りました。次は準々決勝。対戦相手は、当時世界最強といわれていた中国の陳耀燁さん。いよいよ、強敵との対決です。

（自分のふだんの力をどれだけだせるかだ）

井山さんは、自分に言い聞かせます。

井山さんがホテルにチェックインする手続きをしていると、ちょうど中国の棋士たちも到着して、ロビーに入ってきました。その中に、対戦相手の陳さんの姿も見えます。

堂々とした体格、思慮深そうな表情。若者らしくないほど落ち着いていて、独特の威圧感があります。

井山さんにとって、陳さんは長年のライバルです。

はじめて対戦したのは小学生のときでした。子ども相手には負けたことのなかった井山さんが、同い年の陳さんに完敗。その圧倒的な強さに、くやしいというよりおどろいてしまいました。

（この人と勝負するには、いまのままではだめだ）

子ども心にそう感じたと言います。

中国の棋士の強みは読みのするどさです。とくに、競り合っているときほど、その読みがさえます。井山さんは得意の独創的な手を打って、陳さんの読みを超える展開にもちこみたいと考えていました。

井山さんには、

（日本の代表、タイトル保持者として、それなりのものをしめしたい）

という気持ちがあります。そして、自信もありました。

ベストをつくせばチャンスはある……！

対戦の日がやってきました。

いつものように先に対局室に入り、集中を高める井山さん。

あとから陳さんが入ってきました。碁盤をはさんで井山さんと向き合います。

LG杯で陳さんと対局する井山さん。

対局開始。陳さんの黒番からはじまりました。

何手か打つあいだに、井山さんは陳さんのもつ独特の雰囲気を感じとります。

（すごい目をしているな。するどい。迫力がちがう。これがこの人の強みなんだ。隙を見せたらもっていかれてしまう）

警戒する井山さんに対して陳さんは、井山さんの作戦を見すかしたように、独創的な手を封じる手を打ってきました。

囲碁の基本ともいえる形をつくったのです。研究しつくされ、すでに最善とされる打ち方が確定している形。ここからは、「読みを超えた新しい展開」にもちこむことはできそうにありません。

別室で対局を見ている地元韓国の棋士たちが、

「陳さんは、井山さんのことをかなり研究してきているね」

と話しています。

しかし、井山さんはひるみません。陳さんの黒の地を小さく押しこめ、自分の白の地を大きく押さえようという積極的で大胆な手を打ちました。

陳さんは少し口元をひきしめたあと、盤上をじっと見つめて考えています。

（どう反応してくるだろう？）

井山さんは陳さんの表情をうかがいます。緊張した長い静止……。

ようやく、碁石に手をのばした陳さんが強烈な反撃の手を打ちました。井山さんが獲得しようとしている盤上の片側一帯に、強い圧力をかけてきたのです。

井山さんは、そのエリアのもろいところを補って守ります。しかし、陳さんはどんどん攻めの手を打ちます。井山さんにとっては、攻められては守るという苦しい展開になりました。着ていた上着を脱ぐ井山さん。慎重に一手ずつしのぎながら、形勢をひっくり返す一発逆転のチャンスを探り続けています。

陳さんの黒石が、井山さんが守ろうとしている地の深いところに入ってきました。これに対して井山さんは、陳さんの黒石を威嚇するような強烈な一手を打ちました。気迫をこめます。

こちら側は絶対にわたさない！　これ以上はゆるさない！

心で打つ

別室にいて、井山さんのこの手を見た韓国棋士が、

「勝負の手ですね。ふつうの人には打てない手ですよ。井山さんらしい力強い手だ」

と、感想をもらします。

この手を境に、その周辺をめぐる戦いが一気に過熱しました。陳さんは、白地を圧縮しようと強烈に押してきます。じわじわと押される井山さんの白地。腕組みをし、ときどき天を仰ぎながら、井山さんはひたすら防ぎます。意地と意地とのぶつかり合い。息づまる戦いになりました。

対局から4時間経過。井山さんは、盤の片側をめぐるかけひきに行きづまりを感じはじめます。

（このままはり合ってもちょっとうまくいかないな。いったん、はなれてみようか……）

陳さんのかけてくる圧力をはぐらかして、別の場所に注意をそらそう。そう考えて、乱戦になっていた盤の片側をはなれ、逆側に一手、打ちました。

井山さんのかわしの手を見て、少し考える陳さん。

しかし、井山さんのさそいには乗りませんでした。激戦となっている盤の片側にのこって攻撃を続けます。

これで、形勢は一気に陳さん有利になってしまいました。

眉をしかめる井山さん。流れをとりもどそうとねばりますが、陳さんは一手一手、的確に対応してきます。じょじょに井山さんは追いつめられていきました。

開始から5時間半。井山さんは、ついに挽回をあきらめました。小さく頭を下げます。

「負けました」
の合図。陳さんも応じて頭を下げました。
井山さんの自由な手、独創の碁は、陳さんに完全に封じこめられました。思い知らされる世界一の実力。
井山さんは対局室をでてホテルの部屋にもどり、しばらくでてきませんでした。

対局後ひかえ室では、各国の棋士たちが碁盤を囲んで、井山さんと陳さんの対局を再現しながら話をしています。
そこへ、井山さんが姿をあらわしました。
ゆっくりひかえ室に入ってきて、盤を囲む棋士たちから少しはなれたところに立ち、ようすを見ています。落ち着かない浮かない表情。やがて、思いきったように棋士たちのところに歩み寄りました。
「攻めなきゃいけなかったんでしょうか。あれは悪い手だったのかな」
そう言いながら、盤の上の石をくずして並べはじめたのは、陳さんの攻めをかわ

ひかえ室で先輩棋士たちが検討する盤を見つめる井山さん。

そうとして、逆側へ打ったあの一手の場面。

「かわさずに打つべきだったんでしょうか……」

棋士たちに問いかけているのか、自分への問いかけなのか。盤の上の石をじっと見つめている井山さんの目は、その奥にあるものを見ているようでもあります。強く一点を見つめ、そらされることはありません。

あのとき、あの手を選んだ自分とは何か？

心はゆらいでいなかったか？

井山さんは自分が打った石に、自分の姿を見つめているのです。

翌朝。井山さんは、いつものおだやかな表

情にもどっていました。

陳さんとの対戦をこうふりかえります。

「今回の対局で、陳さんがどういうところがほかの棋士とちがうのか、どんなふうに強いのかが少しわかった気がします。今回の経験を生かして、次はもう少しよい戦いができるように、もう少し強くなりたいと思います」

くやしさと学び。

井山さんは、それを胸にしまって帰国しました。

全身全霊をかける、頭脳の戦い、囲碁。その頂上をめざして、自分の碁を打ちぬく。

井山さんの修業は続きます。

※その後、井山さんは前人未踏の偉業、七冠を達成し（２０１６年４月）、２度目の七冠達成（２０１７年10月）ののち、国民栄誉賞受賞が決定しました（２０１８年１月）。

プロフェッショナルとは

どんなに苦しい局面でも、
未知の領域に入っても、
自分を信じることができる、
ということにつきると思います。

第220回2014年1月13日放送

こんなところがプロフェッショナル！

自分を信じた手を打ちぬく井山裕太さん。
そのほかにもこんなところもすごいよ。

勝率7割の驚異

囲碁棋士の世界は、一手を打つために千通りの可能性を読み合います。井山さんは、そんな棋士たちとの戦いの中で勝率7割という驚異の成績を誇っています。

プロをうならせる大胆な手

井山さんの独創的で大胆な手に、対局を別室で見守る棋士たちからどよめきがおこることもしばしば。「失敗するリスクがある手」「信じられない手」「井山さんらしい手」と、おどろきの声が上がります。

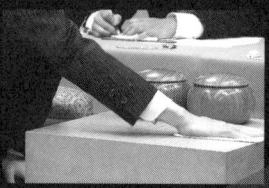

情熱を失わないための勉強法

井山さんは、囲碁の勉強は集中しておこない、なるべく短い時間で切り上げるように心がけています。こうすることで、囲碁への情熱を失わないようにしているのです。

だれになんと言われようと自分の手を打つ

相手の手がすべていい手に見えているようでは、なかなか勝負には勝てないと言う井山さん。だれになんと言われようと、自分はこうなんだという手を信じて打ちきることができるかどうか、井山さんはそれを大切にしています。

プロフェッショナルの格言

つねに挑戦する囲碁棋士、井山裕太さんのことばを心にきざもう。

安全は最善の策ではない

「安全な手はちょっとずつ甘い手になります。最善の策が100点の手だとすると安全な策は90点の手。それが少しずつ重なっていくと、勝負が入れかわってしまう世界なのです」井山さんはそう語ります。

反省はするけど後悔はしない

対局のないふだんの日は、自分の対局を分析する日々を送る井山さん。でもそのときに、反省はしても、後悔や勝負をひきずることはしないようにしていると言います。井山さんは、つねに前を見ているのです。

迷わず打ちたいほうの手を選ぶ

「人まねばかりしていては勝てません。常識的にはこちらだけど、自分はこっちに打ちたいと思えば、迷わず自分の打ちたいほうを選ぶようにしています」井山さんは自分を信じているのです。

若(わか)き化石ハンター 太古の謎(なぞ)に挑(いど)む

恐竜(きょうりゅう)学者

小林快次(こばやしよしつぐ)

人類が誕生するよりはるか昔、
地球を支配していた巨大生物、恐竜。
6000万年前に絶滅したと考えられる、恐竜の命の痕跡は、
現在では化石となって地球にのこっている。
その恐竜の化石を、世界中の研究者が競い合って探す発掘の現場で、
「ファルコンズ・アイ（ハヤブサの目）」とよばれるひとりの日本人がいる。
獲物をとらえるハヤブサのように、次々に恐竜の化石を発見するハンター。
発見した化石から、何種類もの新種の恐竜の存在を明らかにし、
恐竜研究をリードする研究者として活躍している。
その恐竜学者が、恐竜絶滅の定説のひとつをくつがえす証拠を求めて向かう、
広大なアラスカの大地。
彼はまた大発見をするのだろうか？

✳「ミスター恐竜」

人類が地球にあらわれるずっと前にも、生き物は存在していました。それを証明するのが化石です。

化石は、生き物の体や足跡などが石になってのこったもので、古い地層の中などにうまっています。

これらの化石によって、存在が明らかになっている太古の生き物のひとつが恐竜です。恐竜の化石は世界中で見つかっていて、ときには未知の恐竜の化石が発見され、新種の恐竜として国際的なニュースになります。

そうした恐竜の研究者として世界的に注目されている日本人がいます。

その人は、小林快次さん。

小林さんは、9種類の恐竜に名前をつけ新種として発表し、世界をおどろかせ続けてきた世界的な恐竜研究者です。福井県で見つかった恐竜の化石を分析し、新種の恐竜と結論づけて、フクイサウルスと名づけたのも小林さんです。そのほか、海外で見つかった恐竜の調査にも数多く関わる「ミスター恐竜」なのです。

小林さんの名前が世界に広く知られるようになったきっかけは、デイノケイルスという恐竜の化石を発見したことでした。

デイノケイルスは、長年謎の恐竜とされていました。１９６５年に、２・５メートルにもおよぶ大きな腕の骨の化石が見つかったあと、腕以外の部分が見つからず、全体像が解明できなかったからです。

この恐竜は、「おそろしい手」を意味するデイノケイルスという名前をつけられたきり、40年以上も腕だけの恐竜のままでした。

デイノケイルスの腕を見た小林さんは、これは、自分がとくに力を入れて研究しているオルニトミモサウルス類、ダチョウ恐竜ともよばれる恐竜の仲間だと直感しました。それを証明するためには、腕以外の部分を見つけて全体像を解明しなければなりません。

そこで小林さんは、デイノケイルスの化石発掘に挑戦。そして4年がかりで、つ

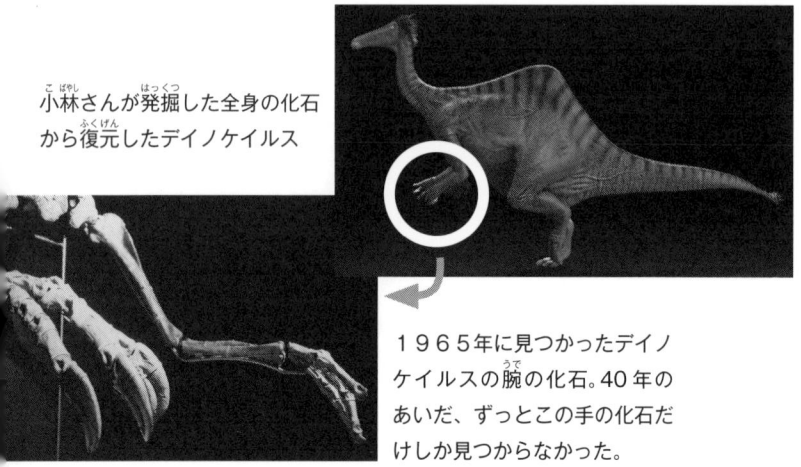

小林さんが発掘した全身の化石から復元したデイノケイルス

1965年に見つかったデイノケイルスの腕の化石。40年のあいだ、ずっとこの手の化石だけしか見つからなかった。

いにデイノケイルスの全身の化石を発見したのです。

この全身化石から、デイノケイルスは、小林さんの直感どおりオルニトミモサウルス類で、全長が10メートルあまり、体重は6トン以上の巨大恐竜だということがわかりました。

頭が長く、背中に帆があり、腕が長いという不思議な姿。足の骨の構造からは、ゆっくりと歩いたこともわかります。頭部の骨に歯はなく、顎の構造からくちばしがあったと考えられ、また、腹部にのこっていた化石からは、植物や魚を食べていたことが推測されました。長年「謎の恐竜」であったデイノケイルスの姿が、小林さんの手によってあざやかに再現されたのです。

かつてこの地球を支配していた恐竜の生態を知ることは、生命の謎を解く鍵になると小林さんは言います。

「生命がどうやって繁栄して、どうやって絶滅していくのか。そのメカニズムを考えるのに、恐竜はひとつの例になるかもしれないんです。ぼくたち人間のこれまでやこれからと照らし合わせることで、何か学べることがあるかもしれない。そういう意味で恐竜はおもしろい題材です」

小林さんの目は、恐竜の時代から現代までの長い時間の流れを通して、命の不思議を見ています。

ファルコンズ・アイ

小林さんは、世界中の研究者から共同研究の依頼を受け、化石調査のために1年の3分の1を海外ですごします。

それほどたくさんの依頼がくる理由のひとつが、小林さんの「ファルコンズ・アイ（ハヤブサの目）」。次々に化石を見つけだす小林さんに研究者たちがつけた愛称です。小林さんの博士論文の指導教員だったフィリップ・カリー教授は、小林さんの能力をこう評価します。

「コバヤシが世界的に有名なのは、まるでハヤブサのようなするどい目で、ほかの人が見つけられない化石を見つけるからです。ファルコンズ・アイをもつコバヤシの新発見をする力は一流です」

ある日小林さんが、カリー教授の地元であるカナダのアルバータ州へ調査に出向きました。ここは、世界でも有数の化石の産地です。教授は小林さんを笑顔で出むかえ、ふたりはそろって調査現場へ向かいました。現場は切り立った山がどこまでも続き、その山々のむきだしになった山肌には地層の横縞がくっきりと浮きでています。

小林さんは、大きくて重そうなリュックを背負い、登山用ストックを手にしています。一見、山登りのようないでたちですが、これが小林さんの化石調査のスタイルです。

ここでは恐竜の骨の化石はいたるところで見つかりますが、ばらばらになっている上、いろいろな恐竜のものが混ざっていることもあります。すでに研究しつくされている恐竜のものも多く、その中から今後の研究で重要な意味をもつ化石を見分けるのが、研究者の腕の見せどころです。

小林さんの化石に関する知識は世界でもトップクラス。化石の色や形だけでなく、実際にふれたときの感触なども記憶しています。その豊富な情報量をもとに、見つけた化石がどの恐竜のどの部分にあたるかを推測することができるのです。

武器は豊富な知識だけではありません。

小林さんには、高性能レーダーのような広い視野があります。足をふみ外せば命にも関わる急斜面の岩肌を、ストックで体をささえて歩きながら、小林さんは感覚をとぎすませて化石を探しているのです。

「あ、あそこに爪がある。けっこう大きい」

とつぶやく小林さん。

化石らしいものを見つけたのは、6メートルほど下の急斜面です。岩がくずれてもろくなった足場を慎重にふみしめながらおりていきます。たどりついた岩場には、魚の頭に似た形の石のようなものがはりついています。まわりの岩よりも少し赤みがかっているとはいえ、大きさは10センチ足らず。小林さんはそれを見のがしませんでした。

（まちがいない。恐竜の爪だ）

確信を得た小林さんは、ひょいひょいと岩場を登って高い所からぐるりと下を見回します。

「ファルコンズ・アイ」がまた何かをキャッチ。

岩場をおりていきます。かがみこんだところには、薄茶色のナイフの先のような形の2センチほどの小さな化石が、表面だけを地面からはみださせてうまっています。

（こっちは、歯みたいだな……）

歯や爪は、恐竜が何を食べていたかがわかる重要な化石です。小林さんは立ち上がって、少しはなれたところにいたカリー教授に報告しました。

「ティラノサウルスの歯と、ハドロサウルスの爪があります。採取しますか？」

「すばらしい」

小林さんは、爪の化石の前に座りこんで、写真を撮り、大きさを測ってこまかくメモしはじめました。記録をとりながらつぶやきます。

「うん、まあまあの化石。悪くない……」

そして、化石の採取をはじめます。歯科医師がつかうような金属の道具で、ていねいに化石のまわりの岩をけずりとり、くずれないように化石をとり外します。同じように歯も、慎重にまわりの土をかきとって、そっと掘りだしました。

数人が参加したその日の調査で、小林さんが見つけた化石は最大のものでした。

✳あると信じて進む

小林さんには、調査をするときの流儀があります。それは「必ずある」と信じることです。

恐竜の化石は、ふつうそうかんたんに見つかりません。むしろないのがあたりまえです。なぜ小林さんは「ある」と信じられるのでしょう。

「ふつうだったら、見つからないとあきらめてしまうでしょうけど、ぼくはあきらめない。なかった、ということがわかったら、その分のこりの『あるかもしれないところ』はかぎられてくる。見つかる可能性が高くなるということです。だから、なかったことも喜びにします。もう一歩先できっと見つかる。必ずある」

「ある」と信じて歩き続けて、小林さんは道を切り開いてきたのです。

小林さんの恐竜学者としての技は発掘だけではありません。分析にも定評があります。科学的な分析によって、それまで信じられていた説の誤りを指摘し、正してきました。

たとえば肉食恐竜のティラノサウルス。以前は、狩りが不得意で動物の死体を餌にしていたという説が有力でした。

しかし小林さんは、コンピューターをつかってティラノサウルスの頭蓋骨を輪切りにした画像を詳しく調査。これによって、脳函（脳のおさまる部分）の大きさや形が正確にわかり、脳函におさまっていた脳の大きさや形、構造も明らかになりました。さらに分析の結果、ティラノサウルスの脳は、同じくらいの体格のほかの恐竜にくらべて嗅覚をつかさどる部分が大きいことがわかりました。つまり、ティラノサウルスは特別に嗅覚が発達していたということです。

この分析結果にもとづいて、小林さんは、狩りが不得意という従来の説に反論し、ティラノサウルスはすぐれた嗅覚を生かして狩りをする恐竜だった、という説を主張したのです。

分析の仕事として小林さんが手がけている重要なもののひとつに、北海道で発見された、ある恐竜の化石の分析があります。

北海道は国内有数の化石の産地です。小林さんの研究室のある北海道大学は、昔からこの環境を生かした研究をさかんにおこなっており、恐竜研究で日本屈指といわれています。小林さんが分析しているのは、北海道南部のむかわ町で発掘された恐竜の全身化石で、日本ではめったに見られないほど状態のよいものです。

はじめ見つかったのはしっぽの一部でした。発見場所が、恐竜の時代には海だったところだったので、この化石は海にすんでいた爬虫類である首長竜のものと考えられていました。

しかし、化石を調べた研究者が、これは恐竜のものかもしれないと気づき、小林さんがよばれました。小林さんは、その化石を恐竜のものと判断。しっぽの骨がきれいな形でのこっていたことから、それ以外の全身も必ずまとまってのこっていると考えて発掘調査をはじめました。

そして、2年がかりの発掘で、その恐竜のほぼ全身の化石を発見することに成功したのです。

発掘された化石によって復元された恐竜は全長8メートル。日本で発掘された全身化石では最大のものです。カモノハシのようなつきでた口が特徴の、ハドロサウルス科に属する恐竜であることもわかりました。

さらに、いままで世界で確認されている40種類ほどのハドロサウルス科恐竜の、どれとも異なる新種である可能性もあります。世界からも注目されるようになった

写真：むかわ町穂別博物館

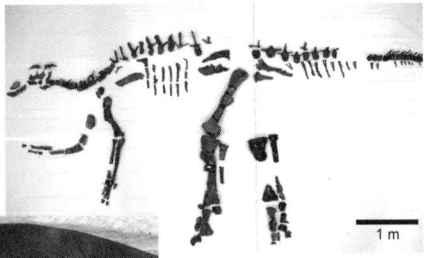

発掘されたむかわ竜の全身化石。

むかわ竜の復元イメージ。

この恐竜に、新種としての正式な名前はまだつけられませんが、当面、発見された北海道のむかわ町の地名にちなんで、「むかわ竜」とよばれることになりました。

小林さんは、むかわ竜の化石の形をこまかく分析し、新種かどうかを見きわめる作業を続けています。化石はばらばらで、どこの骨か確定できないものもたくさんあります。小林さんが、その中から恐竜の種類の特定に重要な、あごの一部と思われる骨の化石を手にとって考えました。

（この続きがあれば特徴がはっきりするんだけど……。そういえば、よく似た感じの骨を見たおぼえがあるな）

小林さんが、たくさんある保管ケースからひとつの化石を探しだし、もっていたあごの骨にくっつけました。端と端の形がぴったりと合います。

「あ、くっついた！」

まわりにいた博物館のスタッフたちが歓声を上げました。

さっそく、組み合わせた化石を写真に撮り、大きさや角度を測ります。あごの特徴がはっきりしました。これらのデータから小林さんが指摘します。

「ほかの恐竜のあごの骨はもっとふくらんでる。これはかなり真っすぐだね」

ほかの恐竜との比較は、新種かどうかを判断するのに重要です。小林さんは、その比較分析をさらに正確におこなうために、カナダのロイヤル・ティレル博物館を訪ねました。

ここは世界最大級の恐竜専門博物館で、むかわ竜と同じハドロサウルス科の恐竜の化石がそろっています。

骨にあらわれている特徴が、種類の差によるものなのか、おとなと子ども、オスとメスのちがいなのか。そういったことは、写真やデータだけではなかなかわからないと小林さんは言います。だから、参考になる化石があれば、どんなに遠くにでもでかけて行き、小さな化石のひとつひとつを実際に手にとって確認するのです。

（むかわ竜はほかのハドロサウルス科の恐竜より大きいし、大きいだけではなくて、なにか、ほかの恐竜とはちがう気がする。やはり未知の恐竜かもしれない）

小林さんはそう考えていますが、それを証明するには、こうした比較を全身の化石数百個でくり返さなければなりません。正しい形がわからないまま、パズルを組み立てるような先の見えない作業。

しかし、小林さんはあきらめません。

1ミリずつ進む

「とにかく前進することなんです。1歩でも、1センチでも、1ミリでもいい。どんなに視界が悪くても、1ミリなら進める。そういうふうにあきらめずに前進し続けたら、どこかの山の上には登れます」

むかわ竜の分析には、少なくとも5年はかかるといいます。

小林さんはひとつひとつ化石を確認しながら、その道のりを進んでいます。

✳挫折だらけの化石少年

小林さんは、多くの化石が産出する恐竜王国、福井県に生まれました。

中学校1年生のときに、たまたま参加したクラブ活動ではじめて化石探しを経験しました。ところが、ほかの生徒たちは次々に化石を見つける中で、小林さんはひとつも見つけられませんでした。

負けずぎらいの小林さんは、先生にもう一度連れて行って欲しいとたのみます。そして、丸一日探し続け、ようやく岩の中から見つけたのは、小さなアンモナイトでした。

（自分の手で、1億5000万年前の生き物の化石をとりだしたんだ…！）

非現実的とも思えるこのおもしろさに夢中になった小林さんは、それから化石探しに没頭しはじめました。そして、化石の研究で賞をとり、地元では有名な化石少年になったのです。

しかし小林さんは、恐竜学者になるのは無理だと思っていました。成績も平凡、がまん強くもない。自分には恐竜学者になれるほどの才能はない。そう自分に言い聞かせて、いずれは一般企業に就職しようと考えていました。

転機が訪れたのは大学1年生のとき。アメリカで恐竜を研究している学者と出会って、その話を聞くうちに、夢をあきらめようとしていた自分がいやになったのです。小林さんは、思いきって在籍していた大学を退学してアメリカにわたりました。

恐竜への興味はもちろんのこと、小林さんには自分を変えたいという強い気持ちがありました。

（いままでは、いいわけばかりだった。一からちゃんとやり直すんだ！）

そんな決意をもって、恐竜の本場・アメリカで意気ごんで研究をはじめた小林さん。

ところが、アメリカでのはじめての研究発表の途中で、教授からいきなり、

「発表をやめなさい」

とさえぎられたのです。それはつまり、聞く価値のない発表だ、ということです。

ほかの学生たちの、オリジナリティにあふれた研究発表が続くのを聞きながら、小林さんは思いました。

（やっぱり、自分には恐竜学者としてのセンスがないんだ……）

（どうしよう、どこへ向かえばいいんだろう……）

日本の大学は退学してしまっていたし、ひき返せる場所はどこにもありません。センスがあってもなくても、もうこの道しかない。それならどうすればよいか。小林さんは気づきました。

（1ミリずつでいい。前に進もう）

小林さんは、力をつけるために、朝から晩まで研究室にこもりました。文献を端から読みあさり、化石の知識を蓄えていきます。アルバイトで稼いだお金はすべて論文のコピー代や研究書代に消えました。猛勉強の日々でした。

そんな生活を2年ほど続けた小林さんは、中国での恐竜発掘に参加してある化石を見つけます。肉食とされていたシノオルニトミムスという恐竜の化石です。その胃にふくまれていたのは、大量の小石。

（どうして石が胃の中に？）

疑問に思った小林さんは、同じ恐竜の化石を何体分も調べることにしました。ほかの研究者たちは、小林さんの調査を気にもとめません。それでも、たったひとりでこつこつ調べ続けました。

そして2年後、胃の中の小石は、植物をすりつぶして消化するために摂取されていたものだと解明します。小林さんは、肉食だと考えられていたその恐竜が、実は植物食だったと結論づけました。

この研究をまとめた小林さんの論文は、科学雑誌の最高峰『ネイチャー』に掲載され、長年の定説をくつがえし反響をよびました。「自分には才能がない」と思っていた研究者が、小さな前進をきざむことで、ついに世界をおどろかせたのです。

✳足跡の謎を追え

小林さんは、ある重要な調査のためにアメリカ北部のアラスカにやってきました。

アラスカは北極圏。恐竜が生きていた時代からの寒冷地で、寒さの苦手な恐竜がすめる環境ではなかったと考えられてきたため、これまでほとんど恐竜研究がおこなわれなかった場所です。しかし、小林さんはこのアラスカに着目して、調査を続けています。

調査の目的は、恐竜絶滅の定説のひとつをくつがえすという壮大なもの。

恐竜が絶滅した理由はいくつか考えられていますが、そのひとつに、隕石の落下など、何かのきっかけで地球全体が寒くなったため滅びた、という説があります。

しかし、寒いアラスカに恐竜がいたことが証明できたら、この説はくつがえされるかもしれません。

（恐竜には、本当は、冬を越えられる能力があったかもしれない。恐竜の絶滅の原因を確かめなければ。それを明らかにできるのはアラスカだ）

小林さんは、胸に恐竜研究の革命の夢をいだいているのです。

調査するのは、広さ２４０ヘクタールのデナリ国立公園。東京都の10倍以上の面積の広大な公園です。公園内には、標高６０００メートルを超えるマッキンリー山をはじめ、高い山が連なります。高山の中腹には厚い雲がかかり、山すそでは大きな角をもつヘラジカが草を食べています。圧倒されるような大自然のこの公園は、自然保護のため立ち入りがきびしく制限されていて、小林さんが調査のために入場を許可されたのも、わずか２日間です。

本格的な調査の前に、小林さんは宿のまわりを歩き回って予備調査をおこないます。山道を歩いていくと、小石のたくさんつまった地層が露出しているところがありました。れき岩という岩石でできたこのような地層は、７０００万年ほど前の恐竜の足跡がのこされている地層です。その地層を確認すると、小林さんはさらに先へ進みます。

（あれは、なんだろう……）

山の斜面の岩に目をとめました。登っていき、小さな岩をひっくり返して観察します。一見ふつうの岩。でも、小林さんの目は、そこにあるものを見つけています。

（恐竜の足跡の一部だ）

けれど、今回の調査で探しているのはもっと小さな足跡、子どもの恐竜の化石です。恐竜が生きていた時代、アメリカ大陸とユーラシア大陸は北のほうでつながっていました。ちょうどいまのアラスカのあたりがそのつなぎ目で、ふたつの大陸の通路にあたります。恐竜はアラスカを通って両方の大陸を行き来できたので、定住はしなかったとされるアラスカにも、恐竜が通過した痕跡はのこっているのです。

ただし、寒冷地を通過して長距離を移動するというきびしい旅ができるのは、おとなの恐竜だけです。子どもの恐竜の化石は、ふつう定着して暮らしていた場所からしか発見されません。つまり子どもの恐竜の化石が見つかれば、恐竜がそこを生活圏にしていた可能性をうらづける有力な証拠となるのです。しかも寒さにたえられる恐竜がいたと証明できれば、これまでの常識をひっくり返す大発見となります。

おとなの恐竜の化石は、少し歩いただけで見つけることができました。小林さんは、手ごたえを感じながら予備調査を終えました。

調査の共同研究者、アンソニー・フィオリロ博士が到着しました。小林さんと博士は、おたがいを「ヨシ」「トニー」とよび合う親しい研究者仲間です。

さっそくふたりは、公園の地図を広げて、作戦会議をはじめました。

「前回の調査では、こちら側には行かなかったね」

地図の上のエリアをペンでさししめしながら言うトニーさんに、小林さんはすぐにこたえました。

「登ってみましょう。かなり険しい地形だけど、行く価値はあるかもしれない」

今回、ふたりは思いきった作戦で調査をおこなおうとしています。

ふつう、恐竜の調査では、一度化石を見つけたところをくり返し掘ります。一度化石が発見された所からは、のこりの化石などが見つかる確率が高いからです。しかし小林さんたちは、いままで化石がまったく見つかっていないところに挑戦することにしました。手つかずのところを探せば、まったく新しい発見につながるかもしれません。そのかわり何もでてこない可能性も高い……。ふたりはいちかばちかの勝負にでます。

初日の調査がはじまりました。

現場は、手つかずの自然がのこる立ち入り禁止区域で、荒々しい性質で知られるハイイログマも生息しているといいます。小林さんは、リュックの中からクマスプレーをとりだし、いつでもつかえるようにホルダーでぶら下げました。

午前9時、出発です。晴天。

目的地の山までは、およそ5キロ。起伏の激しい尾根は、ふだん人が入らないので道がありません。場所によっては腰のあたりまでのびた草をかき分けて進みます。

途中、ふたりは、以前の調査のときに見つけたという恐竜の足跡の化石のある岩場で、休憩しました。その足跡の化石は、アヒルの足を横に広げたような形をしていて、昨日、小林さんが宿の近くで見つけた足跡の化石よりは小さいものです。小林さんは、その化石をあらためて見下ろしました。

「これも小さいんだけどね」

と言う小林さんに、トニーさんが、

「うん、おとなの足跡ではないね。おとなはもっと大きい。でも、この足の大きさ

急斜面を登りながら、化石を探す小林さん。

なら、全長も10メートルくらいにはなるでしょう。ある程度成長した恐竜だ」

とこたえ、小林さんもうなずきます。今回はもっと小さな子どもの恐竜の化石を探すのです。ふたりは再び歩きだしました。

3時間ほど歩くと、川でけずりとられ地層がむきだしになった斜面に行き当たりました。調査の目的地です。いままで調査したことのないところで、およそ7000万年前の恐竜時代の地層です。どこに恐竜の化石があっても不思議ではありません。

小林さんは、急斜面に慎重に足をふみだしました。この地層は、小さな岩や石だらけで、足をふみだすそばから、ぼろぼろとくずれた岩のかけらが砂ぼこりを上げて斜面を落ちていきます。足もとからすべり落ちそうになる体をストックでささえながら、小林さんは化石を探し回ります。

気になる石を見つけると、かがんで砂をはらってじっと見つめます。

（ちがう……）

また体をおこして歩きはじめます。そして、またかがんで、また歩きだし……。

小林さんは同じことを延々とくり返します。

小林さんが遠くを見回すと、動くものが目に入りました。少しはなれた場所にハイイログマがいます。化石にばかり気をとられていては危険です。緊張が走ります。

斜面は、岩や石でうめつくされています。雲ひとつない空の下、無数の石……。数時間がすぎていきました。ずっと足元の石を見続けていた小林さんが、空を見上げました。はりつめていた何かがとぎれます。そして、

「ない」

とだけ言って、斜面に座りこみました。

「ふう……」

ため息をつき、それきり何も言わずに遠くを眺めています。

初日の調査時間はもうのこっていません。いままで調べたことのなかったところをくまなく探しましたが、結局この日は空ぶりに終わりました。

調査2日目も晴天。調査は今日が最終日です。

小林さんとトニーさんは、地図を広げて今日の調査場所を確認します。

昨日は、未調査の地域に挑戦して何も見つけることができませんでした。今日も何も見つからなければ、アラスカに恐竜がいたことの証拠を得ることはまだできません。しかし小林さんは、今日もまだ調査をしたことのない、新しい場所に行くことを決めました。小林さんは、なぜ、あえて化石の見つかる確率の低い場所を選んだのでしょうか。

「ふつう、だれでも見つかりそうなところ、見つかるはずのところに探しに行くんです。でもぼくは逆に考えます。ここには化石はないだろうというところで見つける。そうすれば、それはたいていとても重要な発見になるからです」

小林さんは「ある」ということを前提にして、より大きな「ある」をめざして、あえてむずかしいことに挑むのです。それは小林さんの、ゆらぐことのない、あの化石探しの流儀でした。

「必ずある」と信じる

2日目の調査がはじまりました。公園に入って歩きはじめてから3時間半。恐竜時代の地層があらわれました。昨日と同じような岩と石だらけの急斜面です。しかし、その斜面を少し歩いてみた小林さんとトニーさんは、手ごたえを感じています。

「昨日よりは石の感じがいいね」

と、トニーさん。大きな岩が多く、足跡の化石がのこりやすい理想的な現場です。

「でも太陽の角度が悪いよね。これでは足跡が見えにくい」

小林さんが目の上に手をかざして言いました。木陰ひとつない石だらけの斜面に、太陽の強い光が反射しているのです。ふたりは、それぞれに太陽の強い日射しをさえぎるくふうをして石を確認しながら、斜面を登りはじめました。

小林さんは、ときどき立ち止まり、真っすぐ体をおこしてぐるりと周囲を見回します。特別なレーダーをつかって化石の気配を感じようとしているかのようです。

何かに導かれるようにして急な斜面を横に移動して行こうとした小林さんが、もろい足場にふみこんで体勢をくずしました。危なく落下しそうなところを、ストックに体重をあずけてなんとかもちこたえましたが、意識は見えない化石にひき寄せられているようです。目の前に続く灰色の斜面のどこかを見つめてつぶやきます。

「ありそう……ありそうなんだけど」

そして、石が重なっているところで足を止め、かがみこんでじっと見つめます。重なった石と石との間にのこっているのは、足跡の化石の一部のようです。でも、子どもの恐竜のものと断言できる大きさではありません。

（可能性はあるんだけど……もうちょっといいのがないかな。もっといいのが）

小林さんは立ち上がると、斜面の上のほうを見上げ、また登りはじめました。

2時間半がたちました。のこり時間はもうわずか。しかし、小林さんはぎりぎりまで探し続けます。一歩ずつ前に進みながら、数えきれないほどの岩や石の中に眠っている恐竜たちの気配を求め続けます。

ついに、調査終了の時間になりました。

「残念ながら、成果なし」

と言う小林さんは、意外にも晴れやかな顔をしています。探していた化石が見つからなかったこの調査ですが、小林さんにとってけっして失敗ではありません。

「今回はいままで探したことのなかった場所を探して、ここにはない、ということが確認できました。それが収穫です。これが来年、再来年の調査につながる。むだなことはひとつもないんです。だから、目の前の一歩をちゃんとふむ。ぼくはそれがいちばん重要だと思っています」

小林さんは、また1ミリ前進したのです。そしてその1ミリを足がかりに、小林さんは、来年またここで調査をすることに決めました。

「次は必ず、見つける」

小林さんはあきらめません。

小林さんが調査を終えて帰って行く後ろ姿は、もうすでに次の挑戦へ向かって歩いているのです。

プロフェッショナルとは

自分が未完成で、
未熟だということを認識している人。
自分に満足しない人。

第276回2015年9月7日放送

こんなところがプロフェッショナル！

世界的に注目されている恐竜学者の小林快次さん。
そのほかにもこんなところがすごいよ。

おもちゃの恐竜にも妥協しない

恐竜フィギュアの形のチェックを依頼された小林さん。資料を確認し、細部までチェックします。爪の化石の写真を見て、「爪をもう少しするどくしてもいいと思うんだ」と依頼主に電話で伝えました。たとえおもちゃのフィギュアでも、妥協はしません。

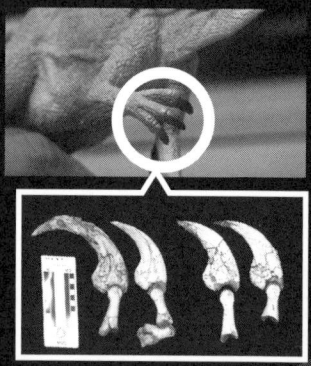

見つかりそうなところの逆を行く

ふつうは「ここに行けば見つかるだろう」というところに探しに行きますが、小林さんはちがいます。「あそこはでないだろう」というところに行くのです。そこで発見したものは、ほぼ必ず重要な発見となるからです。

最新技術で分析する

CTスキャンなどの最新技術をつかい、これまで数々の定説をくつがえしてきた小林さん。定説といわれているものでも、疑問に思うことがあれば、あきらめずにとことん細かく分析を続けます。

全国の子どもからファンレター

小林さんの元には、恐竜好きの全国の子どもたちからファンレターが届きます。小林さんはどんなにいそがしくても、「サイエンスに興味をもってもらえるのがうれしい」と、ファンレターをていねいに読んでいます。

プロフェッショナルの格言

ミスター恐竜、小林快次さんのことばを心にきざもう。

必ず「ある」と信じる

恐竜調査は、新しい発見がないことがほとんどですが、小林さんは必ず「ある」と信じて調査します。調査して何も「ない」ということは、のこりの調査面積がへり、見つかる確率が高くなると考えるのです。

1ミリずつでいい。前に進もう

「とにかく前進する。どんなに視界が悪くても、ほんの1ミリぐらいは動けるから…」と言う小林さん。1ミリずつでも前に進むことさえ心がけていれば、どこかの山には登れるはずだと考えているのです。

恐竜を知ることは、生命の謎を解く鍵

生命はどうやって繁栄し、どうやって絶滅するのか。そのメカニズムを考えるとき、恐竜はひとつの例になるかもしれない。恐竜を知ることは生命の謎を解く鍵になるかもしれないと小林さんは考えています。

ぶれない志(こころざし)、革命(かくめい)の歯科医療(いりょう)

歯科医
熊谷崇(くまがいたかし)

日本の80歳以上のお年よりには、
平均で11本しか自分の歯がのこっていない。
ところが、山形県の酒田市には、
かたいスルメをかみちぎる85歳、りんごを丸かじりする75歳など、
健康な歯が自慢のお年よりがたくさんいる。
彼らの歯を守ってきたのは、
常識に立ち向かって、歯科医療を改革してきた、ひとりの歯科医。
この歯科医のところにかよう子どもたちの8割は、
20歳まで、永久歯に虫歯ができない。
世界もおどろく「虫歯にならないための歯医者」。
信念をもって患者の歯の問題に向き合い続ける、
歯科医の日々の仕事にせまる。

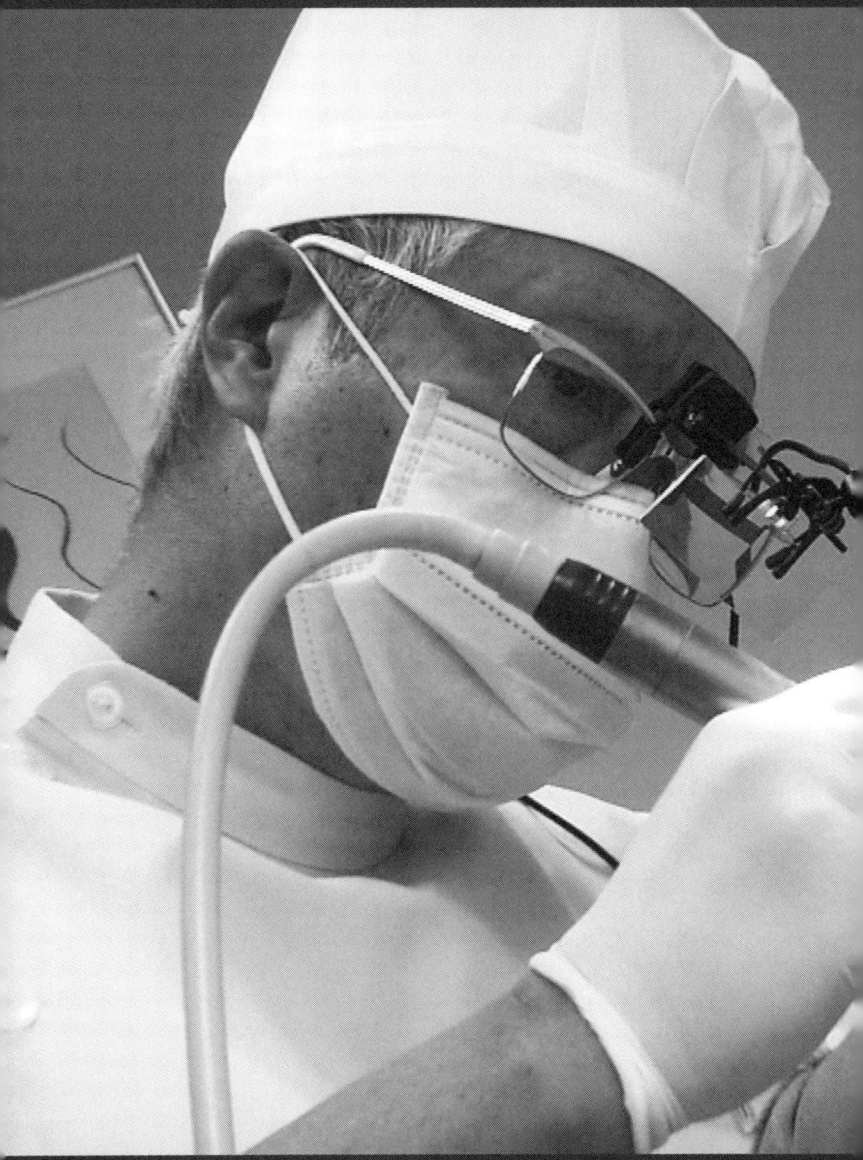

✳予防という医療

朝6時前。

山形県酒田市にある歯科診療所の診察室に、電気がつきました。

歯科医院としては、けた外れに大きな施設です。27部屋ある診察室は、すべて個室。さらに、義歯などをつくるための技工室、治療につかう道具類を消毒する滅菌室なども備えていて、世界でもあまり例がないほどの規模です。

エアコンと照明のスイッチを入れるために、広い診療所内を回るのは、歯科医、熊谷崇さん。この診療所の医院長です。

「診療がはじまる時間には、どの診察室も、患者さんやスタッフに快適な状態になっていないといけないから」

これが、熊谷さんが早おきをする理由。静かな早朝の診療所に、熊谷さんのスリッパの足音だけがひびきます。

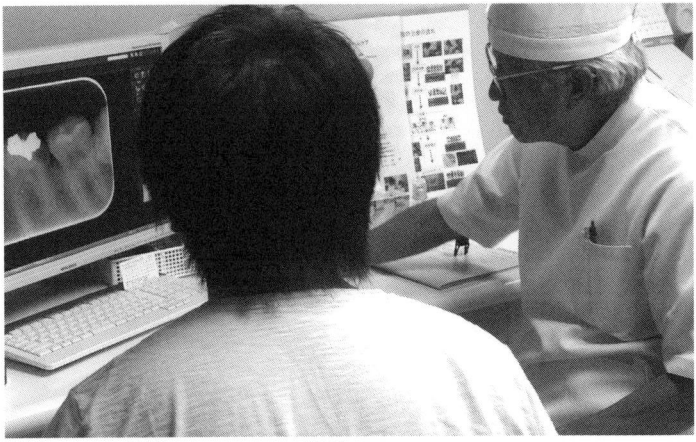

治療について患者さんに説明する熊谷さん。

午前9時に、診療がはじまりました。

熊谷さんは、患者にレントゲン写真を見せながら、虫歯の程度と治療の方針について説明をしています。

「ここに神経が通っています。このすぐそばまで虫歯が進んでしまっている。神経をとらなくてすむように、その手前、ぎりぎりで止めましょう。神経をとってしまうと、歯の寿命は半分になるといわれています。だからなんとしても神経はのこさないとね」

患者さんの同意を確認し治療をはじめます。

熊谷さんは、虫歯の治療に、歯をけずる機械は最小限しかつかいません。歯の寿命を左右するのは、1ミリにも満たない微妙なけずり方のちがい。一度けずってしまったら元にもどすことはできないので、手動の道具を多用して、慎重に治療します。こうした熊谷さんの治療技術は、世界でも最先端のものです。

しかし、その技術よりもさらにすぐれていると評されるのは、虫歯や歯周病の予防を実現する、独自の取り組み。世界から注目される予防医療です。

痛くならないための歯医者

熊谷さんがめざすのは、痛みを治すだけの歯医者ではありません。痛くなったら行く歯医者ではなく、痛くならないための歯医者を理想としているのです。

熊谷さんは、これまでの歯科治療は、患者さんの要求にこたえるだけの目先の治療になってしまっていたと言います。そのような治療は、患者さんの生涯にとってまったく利益になっていないこともありました。

「歯科医療は、その場しのぎではなく、歯を長くもたせること、いつまでも自分の歯で食事ができるようにするということを目的にしなくてはいけない。歯を通して、患者さんの人生を診ているという意識をもつ必要がある」

と、熊谷さんは考えているのです。

はじめてこの診療所を訪れた、ひとりの患者さんの治療を追ってみましょう。

患者さんは30代の男性。がまんできないほどではないけれど、虫歯で痛む歯があると言います。男性の歯の状態をひととおりチェックした熊谷さんは、

「いろいろと問題がありますね。まず口の中をきれいにするところからはじめて、きれいになったら治療をしましょう」

と言いました。今日は虫歯の治療はしないと言うのです。かわりに診察室に入ってきたのは、歯科衛生士。口内の健康状態を調べ、歯のクリーニングや指導をおこなう専門家です。

熊谷さんがチェックしたところ、男性の歯ぐきは少しはれており、歯には歯ブラシではとれないよごれもたまっていました。このまま治療をはじめたら治療後にまた虫歯ができる可能性があります。だからまず、クリーニングで口の中を虫歯ができにくい状態に改善して、それから治療をおこなう。それが熊谷さんのやり方です。

熊谷さんは、はじめての患者さんの診察の際に、痛む歯だけでなくすべての歯のレントゲン写真を撮ります。そしてレントゲン以外にも、歯や歯ぐきの写真を撮影。さらに、必ず唾液検査をおこないます。この男性にも、初診でこれらの撮影や検査をしました。

2回目の診察で熊谷さんは、レントゲンや検査の結果を見せながら、歯や口の中の状態、虫歯ができる仕組みについて、時間をかけて詳しく説明します。

とくにていねいに説明するのが唾液検査の結果。唾液には、虫歯菌がだす酸を中和する働きがあります。唾液を調べると、口の中の状態が虫歯になりやすいか、なりにくいかがわかるのです。唾液の性質は一人ひとり異なるため、虫歯になりやすい人、なりにくい人、個人差があります。この男性にも、虫歯になりやすい

唾液検査に必要な培養器。口の健康を知るには、唾液検査は欠かせない。

傾向、程度についてていねいに説明しました。

3回目の診察。熊谷さんは、まだ虫歯の治療に入りません。クリーニングをおこなったあと、顕微鏡をつかった映像で、歯についていた細菌のようすを見せます。実際に生きて動いている細菌の状態を見せながら、それが歯のあいだや根元にたまって虫歯の原因になる、ということを説明するのです。

こうしたていねいな説明をくり返すのは、患者さんに、自分の歯や口の中の状態をよく知り、意識してもらうためです。

自分の歯に、いつ、だれが、どのような治療をしたのか。ほとんどの患者さんがそういったことを把握していません。熊谷さんはそれを問題視しています。だから患者さんには、自分の歯の情報を積極的に提供します。患者さんが自分の歯に関心をもち、自分自身で歯の健康について考えられるようにくふうするのです。

男性にも、細菌の映像を見せ、細菌と虫歯の関係を説明。さらに自宅でのケアのため、歯のあいだの掃除をする、デンタルフロスのつかい方を指導しました。

男性の5回目の診察。

初診から半月が経過していました。
熊谷さんが、診察をおこないます。
「よごれもとれて、口の中がとてもよい状態になりました。治療をはじめましょう」
ようやく虫歯治療の開始です。数回のクリーニングで歯ぐきのはれがひいたので、治療中に出血をすることもありません。歯の表面も清潔ですべりにくいため治療の精度も上がります。
「OK、きれいにとれた」
この日の虫歯の治療は30分で終わりました。
「虫歯の穴をうめて、みがいておいたので、ちゃんとした歯の形にもどっています。今日からおいしく食べられますよ」
男性の肩を、ぽんとたたく熊谷さん。
「ありがとうございます」
男性は笑顔を見せました。
男性は、治療の感想をこう話します。

「こんなにていねいにやってもらったのははじめてです。歯に対する意識が変わったかもしれませんね。これまであまり気にしたことがなかったんですが、いまは、食事のあとの歯みがきだけではなくて、夜はフロスなんかもやろうと思います」

治療が終わるまでに患者さんの意識を変える。

熊谷さんのねらいどおりの、うれしい変化がありました。

✳パートナーとしての歯科医

熊谷さんの診療所には、ルールがあります。

それは、患者さんは、治療が終わって歯の痛みがなくなっても、数か月ごとに通院して、衛生士によるメンテナンスを受ける、というもの。

永久歯は、一度ぬけてしまったら、絶対にとりもどせません。そうならないために、メンテナンスが欠かせないと、熊谷さんは考えています。

そもそも、どうして歯はぬけてしまうのでしょうか。

原因の9割は、歯に、バイオフィルムとよばれる細菌の集合体がたまるためにおこる、虫歯や歯周病。このバイオフィルムは、日常の歯みがきではとりのぞくことができません。そこで、専門の衛生士によるメンテナンスが必要になるのです。

この診療所では、20人の歯科衛生士が継続的に同じ患者さんのメンテナンスを担当して、患者さんの歯をよい状態に保っています。かよってくる患者さんのデータはすべて保管。開業以来35年分のこのデータのおかげで、説得力のあるアドバイスができると熊谷さんは言います。

「いろいろな年代の患者さんの大量のデータがありますから、それを実績としてしめして、『こういう段階で抜歯したほうがいいですよ』とか、『この歯の状態ならあと何年もちますよ』とかいうことを、自信をもって説明できるんです」

熊谷さんは、長年のていねいな診療の積み重ねで、患者さんとの信頼関係を築いているのです。

それでも、虫歯になってしまう患者さんはでてきます。

長年、メンテナンスにかよってきていた50代の男性の患者さんに、神経に達する

■ 歯がぬけるまで

バイオフィルムをそのままにしておくと、少しずつ歯がむしばまれていき、やがてぬけ落ちてしまう。

❶

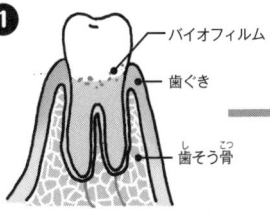

バイオフィルムという細菌の集合体が歯につく。

❷

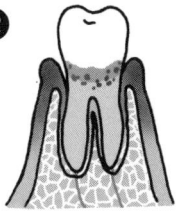

バイオフィルム内の細菌によって、歯肉炎になる。

❸

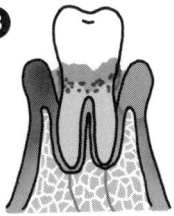

歯と歯ぐきのあいだが大きく開いて歯周ポケットができ、歯周病になる。

❹

歯周ポケットが深くなって、歯ぐきの炎症が広がり、歯をささえている歯そう骨がとけていく。

❺

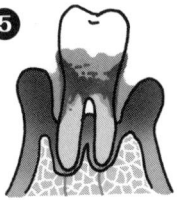

歯根まで細菌におおわれ、歯そう骨が破壊されて歯がぬける。

ほど深い虫歯ができてしまいました。おどろいた熊谷さんは、患者さんのデータをすべてそろえて、担当の衛生士をよびます。

進行した虫歯に、

「ショック……」

と、ことばを失う衛生士。

「ショックなのは、患者さんのほうだよ」

と、ややきびしい口調の熊谷さん。

定期的なメンテナンスをしていたのに、なぜ虫歯を防げなかったのか。熊谷さんは15年分の患者さんのデータを確認しはじめます。そして、やがて、

「プラークが多いね」

と指摘しました。プラークは、歯の表面につく細菌。これが虫歯や歯周病の原因になります。その患者さんの歯の写真は、いつの検査でもうっすらとした黄色のプラ

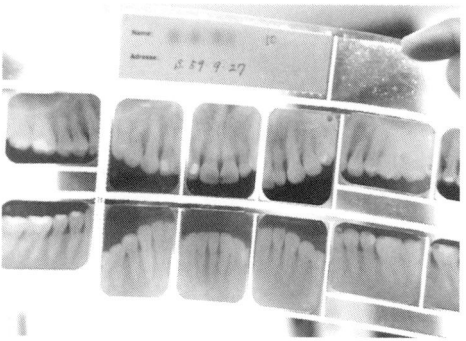

保管していた患者さんの15年分のデータ。

ークが目立ち、歯みがきなど自宅でのケアが十分でないことがうかがわれました。

実は担当の衛生士も、その男性の歯みがきが十分でないことに気づいていました。強く指摘してこなかったのは、あまりしつこく言いすぎると、メンテナンスにこなくなってしまうかもしれないと心配したからです。でも、その姿勢が問題だったと反省していました。

診療所にその男性がやってきました。熊谷さんは、虫歯の進行をしめすレントゲンを見せながら、自分たちが虫歯を見すごしてしまったことを謝りました。

「虫歯にしないためのメンテナンスなのに、申し訳ない気持ちです」

そして、15年間撮りためてきた男性の歯の写真を確認しながら、いっしょに問題点を話し合います。

「虫歯になった歯によごれがついているのが見えますね。これが細菌です。歯と歯のあいだにはよごれがたまりやすいので、そこに穴があいて、たまった細菌が一気に深い虫歯をつくってしまったんだと思います。これを防ぐには、フロスで歯の掃除をしないといけない。メンテナンスのときに指導を受けていたと思いますが」

「はい……。最近、はじめました」

ちょっとばつが悪そうにこたえる、男性。

熊谷さんは、自分たちがいたらなかった点、患者さんの問題点について、どちらも率直に口にします。あいまいにはしません。

患者さんから、逃げない

医療に必要なのは、毎日の真剣な取り組みです。患者さんの健康を守るために、医者はつねに、逃げずに、ぶれずに、王道を進まないといけないと熊谷さんは考えています。「正攻法」の医療。患者さんとの率直な話し合いも、この正攻法のひとつです。

患者さんとの話し合いの結果、今後の対策として熊谷さんは、レントゲン撮影を増やしてよりきびしいチェックをすることにしました。そして男性には、フロスなどをつかってのホームケアを確実にすることを求めました。

「こんなふうに虫歯ができるのは、わたしたちにとってもショックなことなんです」

その男性もうなずきます。

「わたしもショックでした。虫歯にならないようにメンテナンスにかよっていたのにって。でも、ケアが足りないと虫歯になることがあるとわかりましたし、これからはしっかりやります。またよろしくお願いします」

ありがとうございました、と笑顔を見せて、男性は帰っていきました。

患者さんの歯を守るパートナー、歯科医。

その責任感が、熊谷さんの毎日の医療をささえています。

✳曲げない信念

熊谷さんは東京生まれ。父親が歯科医で、同じ歯科医の道に進みました。

大学5年の授業で欧米の最新の歯科技術を学び、興味をかき立てられます。日本ではぬくしかない歯でも、欧米ではぬかずに治療できる方法が開発されている。

その最先端の技術を身につけようと、勉強に打ちこみました。

腕をみがき、28歳のときに横浜に診療所を開業。
最先端、最高度の技術でむずかしい治療をすると評判になり、患者さんが押しかけるようになりました。
10年後、転機が訪れます。山形県の酒田市の開業医だった妻の父親が亡くなり、熊谷さんは、そこで歯科診療所を開くことにしたのです。
新しい診療所がオープン。
自慢の技術で患者さんをむかえた熊谷さんでしたが、想像もしていなかった患者さんたちに出会って、とまどいます。
（なんて虫歯が多いんだ……）
横浜の患者さんたちと、まったく歯の状態がちがいました。毎日の歯みがきが十分でないために、歯がぼろぼろになってしまっていたのです。
そのまま治療を続けても、すぐ虫歯が再発するのは目に見えています。むくむくと熊谷さんの闘志がわいてきました。
（よし、この状態を改善しよう！）

まず歯科衛生士による口のクリーニングを徹底。そして虫歯予防のための指導が終わるまでは、虫歯の治療は進めないと宣言しました。

これに、酒田の患者さんたちは強く反発します。

「歯医者は、痛いところを治してくれればいい」

と主張する患者さん。

がんとして方針を曲げない熊谷さん。

話し合いがこじれて、患者さんからののしられることもありました。その頃のことを、熊谷さんはいまでもにがい気持ちで思いだすと言います。

「なんとか理解して欲しいと思うから、一生懸命本気で話すんです。でも、納得しない人もいる。そういう人が1日ひとり、ふたりいるだけでもすごくつかれてしまう。腹も立つし、がっかりもするし……。思いだすのもつらいですね」

患者さんの多くは、初診のあとぱったりこなくなりました。

診療所の経営は赤字。スタッフのお給料は、貯金をくずしてはらわなければなりませんでした。

それでも熊谷さんは、考え方を変えようと思えませんでした。ひとつの思いが、熊谷さんをささえていたのです。

免許をもつ者の責任

熊谷さんは、歯科医の免許をもつ自分が、その免許をどう生かすべきか、つねに真剣に考えていました。

地域の人々の歯の健康を守るためにベストをつくさなければならない。それが熊谷さんの考える、ゆるがない義務でした。そのためには、収入がへってもののしられてもしかたがない。

やらなければならない。

熊谷さんは、ますます虫歯予防のための仕事に力を入れはじめました。フロスや歯間ブラシのつかい方をわかりやすくしめした写真資料や、歯の健康をテーマにした読み物チラシを山ほど手づくりして配ります。

また、自分自身の勉強にも力を入れました。予防医療が広まっている欧米から研

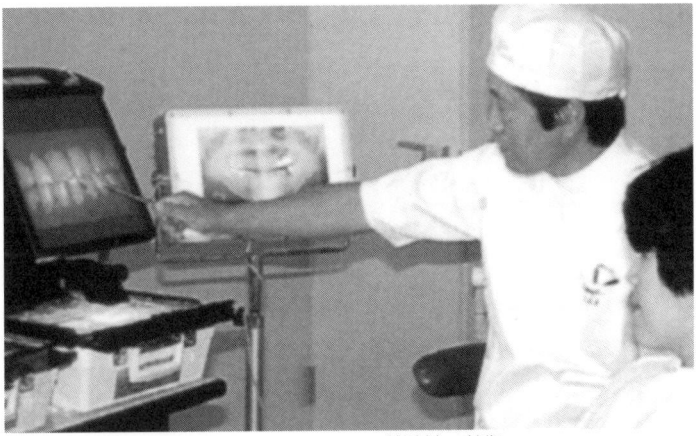

歯科医は患者の歯を守るパートナー。その責任感が熊谷さんをつき動かす。

究者を招き、最新の知識や技術を学びます。

そして患者さんひとりひとりに、虫歯のできる仕組み、予防の方法をていねいに説明。ねばり強く、徹底的な予防医療をおこなったのです。

患者さんの半分が、熊谷さんの方針に納得するまで15年。ほとんどが納得するようになるまでに、さらに5年かかりました。

いやがられ、憎まれ役になり、それでも信念を曲げず患者さんの歯の健康のために35年戦い続けた熊谷さん。その努力の成果が、いまの酒田市にあります。

85歳の男性患者さんは、26年メンテナンスにかよい、23本の自分の歯を維持。毎日

3回のフロスを欠かさないと言います。

60歳の男性患者さんは19年前からメンテナンスにかよいはじめ、悩みだった口臭が解消されました。26本のこる自分の歯は健康で、悩みはありません。

お母さんと小さな子どもふたりは、ずっと熊谷さんのメンテナンスを受け、3人とも虫歯になったことがありません。子どもたちはフロスが大好き。

人口11万人の都市、酒田市の1割以上の人が、熊谷さんのところに歯のメンテナンスにかよっています。

熊谷さんの、さらによい医療への意欲はおとろえることがありません。

ある大学の研究機関が、唾液からガンを発見するという検査法を開発しました。患者さんに唾液検査をしている熊谷さん。この検査への期待を語ります。

「歯医者で受けるかんたんな検査で、ガンの検査もかねられるということになれば、受ける人は増えると思うんです。そうすれば、病気が進行する前に適切な治療を受けることができるようになる。患者さんにとって、大きなプラスになります」

免許をあたえられた者の責任。それを追究する道が続きます。

✳志を広める

熊谷さんには、患者さんと直接向き合っておこなう医療のほかに、もうひとつ力を入れている仕事があります。

それは、次の世代をになう若い歯科医を育てること。

そのために熊谷さんは、歯科医療のセミナー（勉強会）を開いており、このセミナーには全国から意欲のある若い歯科医が集まってきます。

セミナーの会場で、ひとりの若い歯科医が、日頃の悩みを話しはじめました。

「わたしがやっていることは、ほとんど治療のやり直しです。虫歯になったから治して、また虫歯ができて、また治す。こういうことのくり返しでいいのだろうかと思いながら診療を続けてきました」

再発をくり返す虫歯の治療に、疑問を感じているのです。

熊谷さんは、そんな若い歯科医たちに2日間かけて、自分が築き上げてきた予防を基本とする医療について伝えます。実際に診療台に座って、検査されるという体験をする参加者たち。熊谷さんは、日頃の診療の方法やその目的について理解を深めてもらおうと、くふうをおしみません。

熊谷さんには、参加者に対する大きな期待がありました。一人ひとりが熊谷さんの理想の医療を身につけて育っていけば、全国に予防歯科医療のネットワークができます。そうすれば、患者さんが全国のどこに引っ越しても「信頼できる歯科医がいる」と紹介することができるのです。いつでもどこでも患者さんの歯を守ることができる。そのためにも、若い歯科医たちに予防医療で成功してもらいたい、と強く願っているのです。

セミナーの参加者の中に、福岡県からやってきた歯科医がいます。

岡正司さん。長年総合病院の口腔外科につとめ、歯科医として経験を積んできましたが、自分の歯科医院を開業することを決心。開業に当たって、熊谷さんの予防医療のやり方を全面的に取り入れたいと考えていました。とりわけ熱心に熊谷さんの話を聞く岡さんを、熊谷さんははげまします。

「なんとしても成功して欲しい。ぜひやりぬいてください」

「はい」

岡さんも、意欲に満ちた表情でうなずきます。

自分の哲学を次の世代に伝えることを使命だと考える熊谷さん。

しかし、それは、かんたんなことではありませんでした。

福岡に帰った岡さんは、医院のオープンの準備に大いそがしです。

次々に届く真新しい機材。唾液検査に必要な培養器も届きました。患者さんに自分の歯のことを知ってもらうためのものもいろいろそろっていきます。

（もうあともどりはできないぞ）

岡さんは、準備のととのいつつある院内を見回して、あらためて自分の理想の歯科医療をつらぬこうと決意していました。

福岡県に開業した岡さんの歯科医院。

開業の日。

やってきたのは30代の女性。虫歯を治して欲しいと言います。岡さんは、まず、女性にたずねました。

「痛みはありますか？」

「しみたりします」

痛みがひどくない虫歯の場合、治療はあとに回して、まず口の中の状態をしっかり調べる。それが熊谷さんに教わってきたやり方です。

岡さんは、その女性にその方針について詳しく説明しました。女性が同意してくれたので、岡さんはさっそく歯の写真を撮りはじめました。さらにレントゲン撮影。唾液検査もしました。

再発しない根本的な治療。そのために患者さん自身の歯への意識を高めること。岡さんの説明した方針に対して、その女性からは好意的な反応がありました。

「こちらにきてよかったです。おばあちゃんになっても、歯を診てもらえる」

「本当に、そのくらいまでおつき合いできるとうれしいです」

なごやかなやりとりがあり、その女性は帰っていきました。

ところが、治療はその後、うまくいきませんでした。女性の希望に応じて虫歯の治療を先に進めたところ、その後のクリーニングにこなくなってしまったのです。

ほかにも課題がでてきました。虫歯で来院した子どものケースです。

岡さんは、方針どおり、口の中の写真を撮影するなど十分なチェックをして、そのあとで治療をはじめたいと伝えました。

しかし、子どもにつきそってきた母親が、子どもは部活動でいそがしいので早く治療して欲しいと希望。岡さんは、しかたなく検査をせずに虫歯の治療をおこなったのです。虫歯はとりあえず治せましたが、また虫歯になることを防げるか、疑問ののこる治療になりました。

その日の診察後、歯科医としていっしょに働く妻が指摘します。

「医院の方針があるのに、あれはよくない対応だったよね」

岡さんはむっとしてこたえました。

「ああいうときにどう対応したらいいか、まだわからないんだよ」

患者さんの多くが、いそがしい中時間をつくって来院します。かぎられた時間の中でたくさんの検査を受けさせ、唾液検査では1回3000円の実費を請求しなければなりません。

岡さんは検査の必要性に確信をもてずにいました。開業から3か月、唾液検査を実施できたのは患者さんの1割程度。

熊谷さんのやり方をつらぬくのは、想像以上にむずかしいことでした。

＊＊＊

熊谷さんの元に、先日のセミナーのあと、診療がどのように変化したか報告が集まってきました。これらをもとに、熊谷さんのやり方を実践したときの課題などを話し合うセミナーが予定されています。

福岡の岡さんからは、治療後クリーニングにこなかった、30代の女性のケースが報告されてきました。その報告に目を通して熊谷さんが気になったのは、岡さんの患者さんに対する姿勢です。

（ずいぶん、患者さんの意向に寄ってしまっているな）

読み進めると、熊谷さんがすすめた唾液検査について、岡さんが疑問を感じはじめていることが書かれていました。

（これを乗りこえるのがいちばんむずかしいんだ……）

熊谷さんには、岡さんの迷う気持ちがよくわかりました。

予防医療は、患者一人ひとりの意識を変える果てしない戦いです。これまで熊谷さんが指導してきた500を超える医院でも、実際に継続して予防医療に取り組み、成果を上げているのはわずか1割。

医療者として、患者さんを早く楽にしてあげたい、患者さんの希望にそいたいという気持ちは大切なものです。

しかし、医療者にはもうひとつ、とても重要なことがあります。

自分から、逃げない

熊谷さんは、そのことを岡さんに伝えたいと思っていました。

岡さんたちセミナーの参加者が、再び酒田の熊谷さんのところに集まりました。予防医療への取り組みの中で浮かび上がってきた課題について、一人ひとり報告していきます。

岡さんの番になりました。

開業当日に来院した30代女性のケースについて報告します。

治療の経緯、こなくなってしまったこと……。岡さんは、患者さんから求められたら治療を優先せざるをえないということを説明しました。

熊谷さんが立ち上がって話しはじめます。

「患者さんにやさしいということも大切ですが、それでは、患者さんにとって本当

セミナーで、歯科医の責任を問う熊谷さん。

に利益になる医療を提供できないかもしれません」

すぐに治療をはじめることが、患者さんの将来にとって本当によいことか。それを深く考えることこそが、歯科医の責任だと熊谷さんは伝えたいのです。

翌日も検討が続きました。岡さんに同行してきた妻が、

「患者さんに有料の検査をさせるのも、なかなかむずかしいです」

と問題を提起し、唾液検査について話し合いがはじまりました。

熊谷さんは、唾液検査の有効性を説明します。

「唾液検査をした患者さんとしない患者さんでは、虫歯の発症率に明らかな差があります。唾液検査をすると、虫歯がどうしてできるのか、どうしたら予防できるのか、それを理解して予防に取り組めるようになるからです」

岡さんが手をあげて質問します。

「予防への理解や意欲を向上させることが目的なら、唾液検査以外の方法でもよいということでしょうか」

「ほかに有効な方法があればね。でも患者さんにとっては、自分の体の検査の結果なら関心をもちやすいし、唾液検査がいちばんよいと思いますよ」

とこたえて、さらに続ける熊谷さん。

「費用の面からも、虫歯を予防する3000円というのは高くないと思います」

そして、さまざまな論文や症例を引用しながら、予防についての考え方をくり返しくり返し説明しました。

患者さんに予防の必要性を理解させるためには、何よりもまず、それを必要だと信じる医療者自身のぶれない志、覚悟が必要なのです。熊谷さんは、そのことを身をもってしめそうとしています。

真剣に情熱をもって話す熊谷さんの姿を、岡さんはじっと見つめていました。

セミナーが終わったあと、熊谷さんのところに岡さんが歩み寄りました。少しすっきりした表情です。

「やるのであれば徹底的にやって、患者さんに確実に虫歯のことを理解させなければいけない、ということですよね」

「そう、それがだいじです。患者さんの人生全体を考えて取り組んでください。必ず患者さんの将来に大きな恩恵がありますから」

熊谷さんは、温かい笑顔で岡さんの手をにぎりました。

「がんばろうね」

「がんばります」

岡さんにも、やっと元気な笑顔がもどっていました。

もう一歩ふみこんでやってみよう。岡さんはそう決意しています。

セミナーの参加者が帰っていったあと、熊谷さんは明るい表情で語りました。

「わたしには、彼ら医療者の後ろにたくさんの患者さんが見えるんです。医療者が変われば、患者さんもきっと変われる。だから彼らにがんばって欲しい。きっとやってくれると思います。協力できてよかった」

今日も、たくさんの人が自分の歯でご飯を食べています。

奥歯をかみしめて重い機械をあつかう人がいます。

歯を見せて笑う人がいます。

小さな子どもの、働き盛りの人の、お年よりの、歯。

たくさんの歯の健康のために、これからも、熊谷さんは挑戦し続けるのです。

プロフェッショナルとは

あえて困難な道を選び、
先入観や既成概念にとらわれず
情熱をもって、創意工夫をして、
ぶれずに目的を達成しようと努力する人。

第242回2014年10月27日放送

こんなところがプロフェッショナル！

信念をもって治療をおこなう熊谷崇さん。
そのほかにもこんなところがすごいよ。

市民の1割がメンテナンスにかよう

人口11万人の酒田市の1割以上の人が、熊谷さんの診療所にメンテナンスにかよっています。その結果酒田市では、20歳になるまで一度も虫歯になっていない子や、自分の歯で食事ができるお年よりが多くいます。

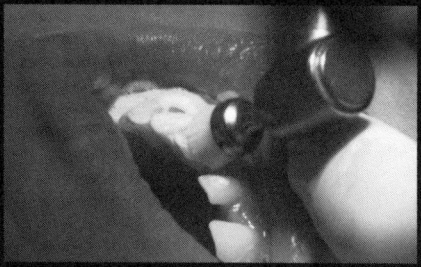

開業以来データを保存

熊谷さんの医院では、診察にかよう患者さんのデータが開業以来35年分保管されています。このデータを参考にして、確実な予防・治療をおこなうことができるのです。

気に入ったらつきつめる！

一度気に入るとつきつめないと気がすまない性格の熊谷さん。プライベートでもそれは変わりません。納豆の食べ方は、35年研究をくり返し、お気に入りの方法をあみだしたそうです。

若い医師に思いを伝え続ける

「虫歯のなりたちと予防は、唾液検査なしにとても教えられない」と強く言いきる熊谷さん。予防医療の大切さを、全国の若い歯科医に、くり返しくり返し伝えます。熊谷さんは、若い医師たちの後ろに患者さんの人生を見ています。

プロフェッショナルの格言

痛くならないための歯医者、熊谷崇さんのことばを心にきざもう。

免許をもつ者の責任

「歯の健康を守るためには、予防が欠かせない」。そのことを地域の人たちに伝え、歯をメンテナンスしていくことが、歯科医の免許をもつ自分のゆるがない義務だと、熊谷さんは考えます。

医師自身のぶれない志と覚悟が必要

患者さんに予防の必要性を伝えていくのはそんなにかんたんなことじゃない。医師自身がまずそれを必要だと信じる志、覚悟が必要です。熊谷さんは若い医師たちにそう伝えます。

歯をとおして患者さんの人生を診ている

歯科医療はその場しのぎではなく、歯を長くもたせることを目的としなければいけない。歯をとおして、その人の人生を診ている意識をもって治療に取り組まなければならない。これが熊谷さんの歯科治療です。

建物を変える、街が変わる

建築家（けんちくか）

大島芳彦（おおしまよしひこ）

閉鎖された団地。
古いアパートの部屋。
借り手のつかない店舗。
いま日本には、人がはなれてしまった建物が増えている。
そんなさびしい建物をつくり直して、もう一度命を吹きこむ
「リノベーション」で注目される建築家がいる。
彼が建て直した建物には、人が集まりにぎわいがもどる。
魔法のデザイン。
そのデザインの秘密は「物語」だと建築家は言う。
やがて彼の仕事は、建物を飛びだし街づくりへと広がっていく。
街の再生をかけたビッグプロジェクト。
この挑戦に、彼はどんな「物語」を表現するのだろうか。

✳建物をよみがえらせる魔法

東京の朝の通勤時間帯。一生懸命自転車をこいでいく人がいます。

仕事場に到着して自転車をおりたその人に、どうして自転車出勤なのか聞くと、

「電車のラッシュが苦手なんです。それに自転車だと、坂道とか川とか地形を感じることができるから」

という答え。

少し息を切らしながら、事務所への階段を上っていくこの人は、建築家の大島芳彦さん。「リノベーション」の達人として知られています。

大島さんの事務所は東京にありますが、大島さんが自分の机に座っていることはほとんどありません。手がけている物件はつねに20件以上。いそがしく日本全国のあちこちに出かけて、打ち合わせや調査をしています。

建物をつくり直すということばに「リフォーム」がありますが、これは、建物の

古くなったり都合に合わなくなったりした部分を、新しいものに変えたり、都合に合うように変えたりして直すこと。

一方、「リノベーション」は、英語の「re」（再び、新しく）と、「innovation」（新しいものの導入、革新）が合わさったことば。同じつくり直しでも、建物に新しい目的や価値をあたえてつくり直すという点がリフォームと異なります。

つくり直しなので、古い建物をすっかりとりこわしてしまうことはせず、骨組みなどつかえる部分はのこしてつかいます。

一般的に、新築にくらべて建築にかかる費用が安く、環境への負担も少ないといわれています。

元の建物のつかえる部分を生かしながら、新しいつかいみちや役割、魅力をもった建物として、大胆に生まれ変わらせるのがリノベーションなのです。

大島さんの手がけたリノベーション物件の代表的なもののひとつに、神奈川県のホシノタニ団地があります。

ここは、もともと、鉄道会社の社宅として建てられた団地でしたが、古くなって閉鎖されてしまっていました。とりこわして新築することも検討されていた人気のない団地。しかし大島さんは、まだこの建物は死んでいないと信じ、リノベーションに着手しました。

建物の部屋は、間取りを変えて広いひと間につくり直すなど、住む人が自由にアレンジできるように改修。また、建物の中に子育て支援施設なども設けました。

建物だけではありません。団地の周囲を囲っていたフェンスをとりのぞいて、地域の人が行き来できるように広い敷地を開放。その中に、地域の住民に見守られながら子どもが安心して遊べる庭や、農園、ドッグランなどもつくりました。

こうして大島さんの手によって生まれ変わったホシノタニ団地には、入居の申しこみが相次ぎます。周辺地域からも自然に人が集まりはじめ、交流が生まれて、にぎわいをとりもどしました。

２０１６年には、このホシノタニ団地が、暮らしや社会を豊かにするデザインにおくられるグッドデザイン賞金賞を受賞しています。

ホシノタニ団地のリノベーション例

団地内の道と広場を、だれでも通れるいこいの広場にデザインしなおした。

フェンスに囲われていた敷地を開放し、街にとけこませた。

コンクリートの駐車場を、芝生にして子どもの遊び場にした。

そんな大島さんが、大阪にあるビルのリノベーションを依頼されました。そして、そのプランについて、物件の持ち主に説明をするため大阪を訪ねます。

物件は、大阪市のビジネス街にある40年以上前に建てられたビル。れんがの外装に、丸みのある窓の並んだレトロなビルです。

かつては、便せんやはがきなどの紙製品をあつかう会社の本社ビルでした。しかし、古くなってあちこちいたみ、エレベーターもないため、物件としての評価が下がってしまっています。

ビルの持ち主は、会社の創業者である父親が建てたこのビルに愛着がありましたが、古く不便なことからつかいみちにこまっていました。そこで、大島さんにリノベーションを依頼したのです。

大島さんはまず、ビルを建てた父親に対する、依頼者の深い尊敬の気持ちを大切にしました。そこで考えたのは、父親の思いを受けつぐビルのつかいみちです。

調べてみるとこのビルは、社員たちが家族のような関係を築けるようにと願って建てられたということがわかりました。ビルの中には、社員のための寮や食堂があり、社員同士がふれ合えるよう気を配っていたといいます。

大島さんはその思いをくみとって、ビルをシェアオフィスにすることを提案しました。シェアオフィスとは、個人で仕事をする人や会社の外で働く人が、いっしょにつかえる仕事場。さらに、別々の仕事をする人同士が同じ価値観の元に交流し、つながり合える場にすることで、このビルにこめられた思いを生かすことができると考えたのです。

依頼者は、このアイデアに喜びました。

「建物の歴史を、建物に反映させようと言ってくれる人は、いままでいませんでした。そういうことをだいじに生かしてもらえるんですね」

「父の思いが活かされるということが、本当にうれしいです」

「物語」をひきつぐ

これが、大島さんがリノベーションの際に、もっとも大切にしていることです。

建物には、それぞれ歴史があります。それは、だれがどのような思いで建てて、どのようにつかっていたかという「物語」です。

その物語をひきつぐということ。建物にこめられた人々の思いを理解し、それをいまもっともふさわしい形にアレンジして、建物にこめ直すのです。そうすることでその建物は、特別な価値や魅力をもった物件になると、大島さんは考えるのです。

大島さんは、さらに提案をしました。

建物の模型をとりだして、1階部分をさししめしました。

「ここをカフェにしましょう」

もともとは倉庫だった1階を、地域の人たちもふくめて交流できるカフェとしてつくり直すというアイデアでした。

商品の出し入れのために、出入り口を大きく開放できるようにつくられていた倉庫の構造を、うまく活かすことができます。

「外の人にももちろん入ってもらえるお店ですが、このビルのシェアオフィスで働く人にとって、『いってらっしゃい』『お帰りなさい』と言ってくれるような、ほっとできる場所になればいいかな、と思うんです」

そう説明する大島さんは、カフェを切り盛りする候補者まで、探してありました。

✳リノベーションスクール

いま、日本各地で空き家が増えています。住む人、つかう人のいない建物は、手入れが行き届かず早くいたみ、動物がすみつくなど、地域の問題になることがあります。こうした空き家をへらすために、大島さんが力を入れている活動があります。「リノベーションスクール」。地域の人々を集めて、空いている建物のつかい方などを話し合い、アイデアをだし合って、リノベーションを実施する取り組みです。

いま課題としてとり上げられているのは、和歌山市中心部の水路ぞいの古い空き店舗。この店舗の再生に挑戦するのは、地域の若い人たちです。実際の建物を、参加者たちといっしょに見に行った大島さんは、店舗の裏側から外をのぞいて、

「川にせりだしているんだね、ここは」

と、建物の特徴を参加者たちと確認します。

この川ぞいの古い建物に、見のがされている価値はないか。どのような活用法が考えられるか。3日間かけて探っていくのです。

大島さんがこのスクールでもっとも大切にしているのは、みんなでとことん議論し、知恵をだし合うことです。

ミーティングでは、ホワイトボードに、参加者たちが自分のアイデアを次々にはっていきます。

周辺の地域の特徴の欄には、「公園が近い」「幼稚園がある」「大通りが近い」「川がある」「通り名称の由来」「むかしは市場だった」「江戸時代の堀」……。

建物のつかいみちの欄には、「宿」「ゲストハウス」……。

たくさんのメモがボードをうめていき、いろいろな意見がでてきます。大島さんは、ときどきアドバイスしながら見守っています。

建築のプロでない人たちの考えるリノベーションで、よい結果を生むことなどできるのでしょうか。

大島さんは大きくうなずきます。

街を変える「主人公」をつくる

「これまで、建物や環境はだれかがつくってくれて、自分はそこで暮らすだけ、という意識の人が多かったと思います。地域に対する当事者意識がなかった。リノベーションスクールは、自分たちの地域について集中して考える場です。そこには、街に対する発見、人とのつながりについての発見が必ずあります。そういう気づき、意識が、リノベーションにとって重要なんです」

全国の空き家を見てきた大島さんは、人のつながりが切れたときに建物は死んでしまう、と考えています。建物をつかう人が、建物にもその地域にも愛着や誇りをもっていれば、建物は命を保つことができる。そしてその意識は、建物の持ち主だけでなく、その地域の人たちも共有することが必要なのです。

建物のために人の意識を育てる。街を変える「主人公」をつくる。それがこのリノベーションスクールのねらいでした。

水路ぞいの空き店舗の活用法について、プランを発表する日がやってきました。その店舗を、どのような目的で、どのようにつくり直して、どのように活用するかを建物の持ち主や近隣の人たちに提案するのです。

「よろしくお願いします！」

チームの代表者は若い男性です。元気いっぱいのあいさつで発表をはじめました。

「2階は外国人旅行者向けの宿泊施設にします。そして、1階はコミュニティダイニングにして、食事をしながら宿泊者も地域の人もふくめて、いろいろな人たちが交流できる場にします」

スライドに映しだされたイラストには、2階建ての建物の断面図がえがかれ、2階にはソファーなどがあるゆったりした部屋。1階には大きなテーブルと楽しそうな大勢の人がかきこまれていました。

「2階の人は、ほら、見てください、水路の向こうの家の人と糸電話でおしゃべりをしているんです」

会場から笑い声がおこります。

チームが提案したプランのイラスト

そして、イラストの端のほうには、建物の横をとおる水路とそこに浮かぶ船。これもプランの一部です。

「裏の水路をきれいに整備して、船を運航します。このリノベーションで、水路も地域の特徴として活用したいんです。このプランのご検討をお願いいたします」

拍手がおこり、建物の持ち主が立ち上がりました。

「すばらしいね！　夢がえがけます。この絵を見ていたら、どきどきしてきますよ。可能性あるんじゃないか、と思えます。ぜひこれで進めて欲しいと思います」

うれしそうな表情です。

プロジェクトは、さらに一歩進めることになりました。大島さんもうれしそうに笑っています。

「毎回、知らない所で知らない人とたくさん会って、あれこれ考えて、へとへとになりますが、ぼくにも本当にいい勉強になる。かけがえのない時間です」

その努力のかいがあって、またひとつ建物が生まれ変わるチャンスを得て、たくさんの主人公が生まれたのです。

✳リノベーションへの目覚め

大島さんの家は、建物を賃貸する不動産管理業を営んでいました。しかし、家の仕事に興味がなかった大島さんは、美術大学に進学し建築学を専攻します。

その頃の日本は、土地や建物の価格がどんどん上がる好景気。ぜいたくではでな暮らしを楽しむ人がたくさんいました。そういった生活に魅力を感じなかった大島さんは、あるとき、戦後アメリカ軍がつかっていた古い住宅を見て、

（ここに住んだら楽しいかも）

と思いつきます。

家賃5万円を友だちと半分ずつだし合って、その古い家に住みはじめた大島さん。こわれたところを自分たちで修理したり、さらに壁に絵をかいたり、庭に置物を飾ったり、住まいを自由にアレンジして楽しみます。やがてその家は、地域の子どもたちが遊びにくるような人気の建物になりました。

大学卒業後は、大手の建築設計事務所に入社しました。独創的なデザインの建物をつくろうと、仕事に夢中になります。

2年ほどたった頃、父親から相談をもちかけられました。所有する物件の多くが、古くなって空き家が目立ちはじめ、こまっているというのです。

借りる人がいくらでもいたはずの物件が。大島さんはショックを受けました。

（建物は、時代の変化でこんなにかんたんに価値を失ってしまうのか……）

それまでの大島さんは、ありきたりでない建物を新しくつくりだすことを夢見ていました。しかし実際の社会では、新しい建物に押しだされるようにして、古い建物があまってしまっていたのです。

大島さんは、建築の仕事をしていたのに、家の仕事である不動産の現状に無関心だったことを後悔しました。

そのとき思いだしたのが、学生時代に住んだあの古い米軍住宅でした。

（建物は古かったけど、自分で改修して住むのはすごく楽しかったな）

その頃の気持ちを思いだしながら、大島さんは、父親が所有していた古い物件のひとつを自分で改修してみました。

キッチンと小さな畳の部屋ふたつという古いアパートの部屋を、間取りを思いきって変え、大きなひと間の中にキッチンをおいたつくりに。

すると、家賃8万9000円でも借り手がつかなかった部屋に、12万円で借り手がつきました。

大島さんは直感します。

（これからは古い建物を活かす時代だ！）

自分の家の仕事である不動産と、自分が楽しいと感じるものが、ひとつになりま

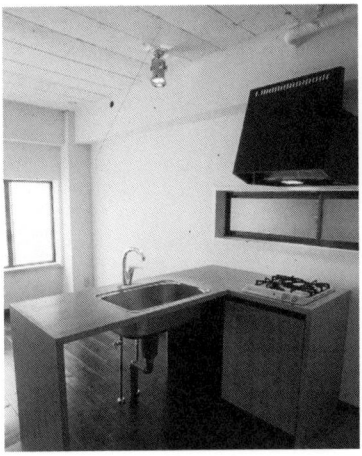

父親が所有していた古いアパートの部屋（上）を、おしゃれなキッチンとダイニングのあるリビングに改修した（左）。

した。大島さんは、際限なく新しいモノをつくりだすような量を求める豊かさではなく、すでにある建物や環境で、どうやって暮らしを豊かにしていくか、ということの追求に大きな楽しみとやりがいを見いだしたのです。

大島さんは、つとめていた建築設計事務所をやめ、友だちといっしょにリノベーションを軸にした事業をはじめました。

古い建物を直して新しい魅力ある物件に。大島さんたちが手がけるリノベーションの斬新なデザインは、注目を集めるようになりました。依頼主から、

「間取りもつかいみちも全部まかせるから、好きなようにしてください」

と言われ、自由に腕をふるいます。

仕事は順調なように思えました。

ところが、やがて残念なことがおきます。

せっかくリノベーションした物件が、乱暴にあつかわれ、わずか数年でまた借り手がつかないような状態にもどるということが続いたのです。

原因について深く考えた大島さん。

ひとつ思い当たることがありました。

それは、建物に対する持ち主の思いを変えられていなかったのではないか、ということでした。

持ち主の思いも変える

持ち主から「あなたにまかせる」と言われたとき、大島さんはその信頼をうれしく思っていました。しかし、その「まかせる」は、当事者意識のなさ、人まかせという姿勢のあらわれではなかったか？　大島さんは「まかせる」は、けっしてよいことではなかったのだ、と気づきます。

重要なのは、建物を変えることだけではありませんでした。建物の持ち主の、その建物に対する思い。それが変わらなければ、形をどれほど変えても建物は変わらないのです。

それ以来大島さんは、リノベーションに際して、依頼主との話し合いをだいじにするようになりました。建物やその持ち主の家族のこと、歴史。徹底して掘り下げて話を聞きます。

そうすることで、建物やその土地のあり方を持ち主とともに考え、思いを育んでいくことができるようになりました。

たとえば、あるマンションのリノベーションの工事では、マンションの持ち主は古くなった建物のかんたんな改装を大島さんに依頼していました。ところが、じっくり話を進めるうちに、大島さんは部屋の改装だけでなく、建物の目の前にある駐車スペースを公園にして地域の人々に開くことを提案したのです。

「部屋を少しきれいにして欲しいだけです。そんなことお願いしてません」
と言う依頼者を、大島さんは熱心に説得しました。
「部屋をきれいにするだけではなく、マンションにあるつかわれていないスペースに、地域の人たちにも協力してもらっていっしょに公園をつくれば、地域の交流を活発にし暮らしをよりよいものにできます。そしてつくる段階から街に開くことで、地域の暮らしの当事者を生み、共感者を育むんです。このプロセスが、マンションの価値を上げることにも必ずつながります」
はじめは乗り気でなかった依頼主でしたが、公園に植える1本1本の木の種類、費用のこと、地域の人々をまきこむ方法までも考えてくる大島さんの熱意に、次第に動かされていったと言います。
「プランを見ているうちに、なんだかここに住みたくなってしまったんです。子どもの頃、公園で遊んでいると、すぐそばの部屋から『ご飯よー』ってよんでもらえる、そういう暮らしが夢だったな、と思いだして」
子どもの頃の夢をかなえるマンション。そう話す依頼者は、やさしい笑顔でした。

大島芳彦

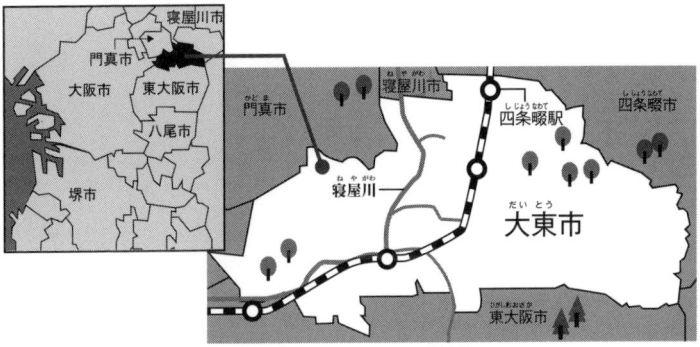

大阪市のすぐとなりにある大東市。急速な人口減少が進む。

✳街づくりへの挑戦

リノベーションで、建物の価値を大きく変えて注目をあびる大島さんのところに、いままでにない大きな規模の仕事の依頼が届きました。建物だけでなく、街全体をリノベーションする、というビッグプロジェクトです。

依頼主は、大阪市の東に位置する大東市。急速な人口減少に悩んでいる街です。市内には、高度経済成長期に建てられた市営住宅がありますが、古びて空室が目立ちます。住民の高齢化も進んでいる街になんとか活気をとりもどしたい。大島さんは、この街の再生のためのリノベーションに挑むことになったのです。

大東市は、人口を増やすために子育て世代の家族にここに住んで欲しいと考えています。そのために解決すべき問題は何か。もともともっている地域の魅力は何か。それを理解した上で、新しい街の姿を考えなくてはなりません。そのことを大島さんは、

「街と人との関係をもう一度デザインし直す」

と表現しました。

5年がかりのチャレンジがはじまります。

大島さんは、大東市の地形や市内の交通量、人の動きを、5か月かけて詳しく調べました。そしてまず、市北部の北条地域から検討をはじめることにしました。事務所のスタッフとのミーティングで、大島さんは地図の上の国道をしめします。

「この国道はけっこう交通量がある。だから、この国道から見える北条エリアは、大東市の顔になりそうだね。そのことを意識しよう」

北条地域は、飯盛山の麓に広がるゆるやかな傾斜地。商店街はなく、住民は外に

大島芳彦

買い物に出るため、人の行き来は活発とはいえません。しーんとした、さびしい雰囲気がありました。

とくに手当てが必要なのは、国道沿いの市営住宅です。あちこちさびついて、敷地内には背ののびた雑草。住む人の少ないがらんとしたこの市営住宅が、地域の景観やイメージに影響してしまっています。

この市営住宅を中心として、空き地や公園を活用しながら地域の人々が交流するためのしかけを考え、地域全体のリノベーションを図る。そのために、ひとつの課題がありました。

リノベーションの背骨となるようなテーマが必要なのです。地域に人をよびこむだけでなく、地域の人々が誇りをもてるような、その土地ならではの特徴、魅力のようなもの。

大島さんは、街歩きや調査で自分なりに考えつつ、大東市の担当者にもそれについての意見を求めました。しかし、なかなか意見は上がってきません。

市の職員はこの10年、人口減少をくい止めようとさまざまな街づくりの努力をしてきましたが、なかなかうまくいきませんでした。街づくりのむずかしさを痛感してきた担当者には、街の魅力どころか、短所しかあげられません。

「となりの大阪市は便利な大都会。大阪市から少しはなれた郊外の生駒市や箕面市は、きれいな街並みで人気があります。大東市はちょうどその中間にあって、住む土地として選ばれない。しかも、昭和47年、50年に、大東水害という大きな災害におそわれました。その後は、ひたすら水害対策に追われて、街づくりがほかの街より遅れてしまったんです。その結果、市の財政は悪化してしまいました。知名度もない、お金もない、人気もない。大東市には住む所として選ばれる要素が何もないんです」

お手上げという担当者。でも大島さんは、街歩きを続けました。

（気づいていない価値がきっとある）

そう信じているのです。そして、ついにきっかけをつかみました。

水の存在

「このあたり、ずいぶん水路が多いなあ」

街を歩いていた大島さんが気づきました。こうした水路は飯盛山から流れてくる水で、この北条地域は、きれいな湧き水にめぐまれていることがわかりました。

大島さんが水路を指さしました。流れの中から顔をだしているのは……。

「カメがいる。かわいい。気持ちよさそうだな、あいつ」

大島さんの顔に自然と笑みが浮かびます。

「ここは水の音もいいね」

絶え間なく水の流れる音、段差を落ちる水の音に、大島さんはしばらく耳をすませました。そして、もう一度水路をのぞきこみます。

「きれいな水だよね。コンクリートで護岸されちゃってるのが残念だけど」

水。大島さんは、大きなヒントを手に入れました。

リノベーション全体の構想を大東市に提出するまで、のこり1か月半。大島さんは、市も住民もわくわくするようなプランをえがくことができるのでしょうか。

東京にもどった大島さんは、大東市の土地の歴史をもう一度ていねいに調べはじめました。大きなテーブルの上いっぱいに江戸時代からの地図を並べ、インターネットも駆使して、大東市の昔からいままでの物語を追います。

すると、いろいろなことがわかってきました。

「市営住宅のあるところ、もともとはなんだろう？　池かな？」

大島さんが会社のスタッフに聞きました。

「鎌池という池だったみたいです。形が鎌に似ているからでしょうか。ブーメランみたいな形ですよね」

大島さんは、かつての北条地域のようすを想像してみます。

きれいな川が流れ、大きな池がある。そこに人が行き来して、水のめぐみの下で暮らしている……。

（水害との戦いという苦しい面だけで水をとらえているのはもったいない。この地域における水の物語を、プラスの面で掘り下げて、メッセージを発信しよう）

大島さんは、水の存在をリノベーションの軸にすることに決めました。

「昔は池だった市営住宅の敷地を水源に見立てる。それで、街はこの水源から育っていく『北条の樹』という感じ」

大島さんが、地図に、市営住宅から飯盛山のほうにのびていく、樹木のイメージをかき入れます。スタッフたちが、これに続いてどんどん発言しはじめました。

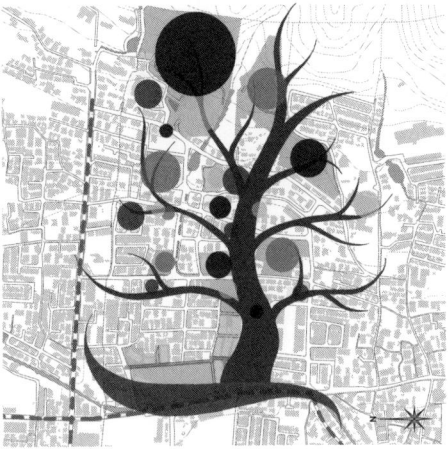

北条エリアの樹木のイメージ。

「この土地は、水害との戦いで水を押さえつけてきましたよね」

「そう、治水だね」

「それを変える。押さえつけるのではなく、ともに暮らす、共存する生き方としてはどうでしょうか」

「親しむ？　治水から親水に。いいね」

キーワードと方向性が見えてきました。そして、どんどん具体的なプランへと発展していきます。

1か月ほどかけて、大島さんは大東市リノベーションの構想を練っていきました。固まってきたのは、北条地域の自然条件を生かして水と親しめるエリアに生まれ変わらせる、というデザイン。

問題の市営住宅は、部屋数をへらして建て直し、そこに水と親しめる広場を設けます。そして周辺に、カフェやマーケットなど、人が集まる場所を。老若男女、地域の内外を問わず人々が交流できる温浴施設も整備します。

さらに、飯盛山に向かって太い幹のようにのびている道路の先には、空き地を利用して果樹園や菜園をつくります。地域の外からも人がきてくれることをねらいました。水をテーマに人のつながりを生むプランが、かたまりつつありました。

ところが、プランの途中経過を見た住民団体から、温浴施設が古い街のイメージをひきずってしまうのではないか、という疑問が上がってきました。直接、住民の話を聞いてきたスタッフが、大島さんに説明します。

「お風呂のない市営住宅の住民のための公衆浴場だったので、古い不便な街の象徴、というような印象が強いようなんです」

「なるほど……」

大島さんは考えこみました。計画している温浴施設は、お年よりから子どもまで、すべての世代の人がともに集まることのできる場。水を介したふれ合いの場として、北条地域らしい、魅力的な施設になるはずだと考えています。

（どうしても実現したい）

しかし、それには住民の理解や納得が必要です。なんとか説得しなければなりません。こうした仕事も自分の役目だ、と大島さんは言います。

自分たちは地元の人たちにとってはよそ者。でも、よそ者でなければ見えない、その地域のすばらしさもある。それを伝えたい。大島さんは、大東市に実現できる夢を見せたいと思っていました。

✳夢を語る

いよいよ大東市に、リノベーションの全体構想を伝える日がやってきました。

市長、都市計画の責任者に、計画を了承してもらうための大切な機会です。この先協力してプランを具体化していくために、基本方針に心から共感してもらうことは絶対条件です。市長とテーブルをはさんで向かい合い、説明会がはじまりました。

いつも楽しげな大島さんも、真剣な表情。

大島さんは、大東市の未来についてしっかりと顔を上げて話しはじめました。

「大東市には、飯盛山からとてもきれいな水が流れているんですね。この川のせせらぎの音を聞き、きれいな水にふれて育つ子どもさんには、ふるさとを愛する心が育つと思います。この水に親しめる広場や公園などをつくりたいと思います」

そしてイラストを見せながら、さらに続けます。

「温浴施設は、毎日の入浴とはちがったのんびりした時間を楽しむ場所として整備します。屋外では子どもが川遊び、おとなはカフェでお茶を飲み、お年よりはお風呂上がりに外で休みながら孫たちが遊んでいるのを眺める。多くの世代が、それぞれに楽しみながら交流できる施設です」

大島さんが用意したのは、細かくかきこんだイメージイラスト。明るい青の水と

大島さんがかいた北条エリアのイメージイラスト。

やわらかな緑の木々の中に、くつろぎ、寄りそう人たちがいます。

大島さんは、イラストにそって一つひとつの施設にこめた思いをていねいに説明しました。

水に集まった人同士がつながり、樹木が枝を広げるように街全体に活気を広げていく、大東市のリノベーションプラン。熱のこもった話ぶりに市長たちは聞き入っています。

ひと通りの説明が終わったところで、市長が口を開きました。

「北条エリアを本当によく調べて、理解してくださったなと感心しました。この土地のよい伝統を生かして、地域内で暮らして楽しむ、その融合のイメージが目に浮かぶようでした」

市長は、立ち上がって大島さんに笑顔を向けます。

大島さんの全体構想は了承され、プランは前進することになりました。

「楽しい街を実現させるようがんばります。ありがとうございました」

一気に明るくなる会議室の雰囲気。

大島さんもほっとして、いつもの笑顔がもどります。

説明会のあと、大島さんはこう話しました。

「これから住民の方たちにも、詳しい説明をしていきます。やはりだいじなのは、そこに住む人たちが自分のことばで自分の街を自慢できるということ、当事者であるということです。自分たちの街の歴史を知り、魅力に気づいてほしい。『物語』をつくってほしいんです。そうすれば、自然に街をだいじに思うようになるし、その気持ちが暮らしを豊かに変えてくれます。街並みや建物だけではなく、人が変わるということが何よりも重要です。それを一生懸命伝えていこうと思います」

住民自身が参加し、おたがいにつながって実現するリノベーション。

大島さんは、つなぎ続けていきます。

プロフェッショナルとは

一歩下がって俯瞰して見ることによって、
まわりとの関係などを整理すること。
そして、それを、シンプルで、骨太で、
伝わりやすい手段で伝えること。
伝え方をデザインするということが、
プロの仕事だと思います。

第313回2017年1月16日放送

こんなところがプロフェッショナル！

建物や街をよみがえらせるリノベーションのプロ大島芳彦さん。そのほかにもこんなところがすごいよ。

価値がないものも価値がある

世の中が「価値がない」という古い建物でも、大島さんには「ダイヤの原石」に見えるそうです。そこには歴史があり、物語があるからです。大島さんのデザインは、物語を解釈し直して、「価値あるもの」に生まれ変わらせます。

全国の空き家をよみがえらせる！

急増する空き家やつかわれなくなった商業ビルを解消するためにおこなっている「リノベーションスクール」。地元も加わって、現在、全国各地で事業が立ち上がっています。

依頼主の建物への思いも育む

大島さんは建物をリノベーションするとき、依頼主との話し合いをだいじにしています。建物や家族の歴史まで徹底して掘り下げ、建物やその土地のあり方を依頼主といっしょに考えることで、依頼主の建物への思いを育んでいくのです。

人に伝えることを考える

どんなにいいプランを考えても、依頼主に伝わらなければ実現しません。大島さんは、人に思いを伝えるとき、「どう説明すればわかってもらえるのか」を大切にしています。

プロフェッショナルの格言

街や建物を再生する建築家、大島芳彦さんのことばを心にきざもう。

人のつながりが切れたとき、建物は死ぬ

建物はかんたんに価値を失ってしまう。建物が命を保てるのは、そこをつかう人たちの存在あってこそだと大島さんは考えます。「建物を守るのは、人のつながり」。これが大島さんのリノベーションの核心です。

リノベーションで本当の豊かさを求める

大島さんは、「豊かさに量を求めようとすると際限がない。それを追い求めるのはものすごく貧しい考え。いまあたえられた環境で、どう暮らしを豊かにするかを考えるほうが、楽しいし、豊かさを感じます」と語ります。

まかせますは、人まかせ

大島さんは、「まかせます」はけっしていいことではないと言います。「まかせます」はうれしいけれど、それは当事者意識を放棄していること。つまり、「人まかせ」ということなのだと考えているのです。

NHK
プロフェッショナル
仕事の流儀

■ 執　　筆　そらみつ企画
■ 編集協力　株式会社 NHK出版
■ デザイン・レイアウト　有限会社チャダル
■ イラスト　門司美恵子
■ 協　　力　株式会社サンフレッチェ広島、公益財団法人日本棋院、日吉歯科診療所、
株式会社ブルースタジオ、あおばデンタルクリニック
■ 写真協力　株式会社サンフレッチェ広島、Jリーグ
むかわ町穂別博物館、読売新聞社
■ 編　　集　株式会社アルバ
■ カバーイラスト　usi

NHK プロフェッショナル 仕事の流儀 8
信念をつらぬくプロフェッショナル

発　行　2018年4月　第1刷

編　者　NHK「プロフェッショナル」制作班

発行者　長谷川 均
編　集　崎山貴弘
発行所　株式会社ポプラ社
〒160-8565　東京都新宿区大京町 22-1
振　替：00140-3-149271
電　話：03-3357-2212（営業）
03-3357-2635（編集）

ホームページ　www.poplar.co.jp
印刷・製本　中央精版印刷株式会社
©NHK
N.D.C.916/191 P/20cm　ISBN 978-4-591-15764-0
Printed in Japan

落丁本・乱丁本は、送料小社負担でお取り替えいたします。小社製作部宛にご連絡ください。電話：0120-666-553　受付時間：月～金曜日、9：00～17：00（祝日・休日は除く）。本書のコピー、スキャン、デジタル化等の無断複製は著作権法上での例外を除き、禁じられています。本書を代行業者等の第三者に依頼してスキャンやデジタル化することは、たとえ個人や家庭内での利用であっても著作権法上認められておりません。

NHK

プロフェッショナル

仕事の流儀

編：NHK「プロフェッショナル」制作班

全8巻

小学校高学年以上

N.D.C.916

四六判

仕事にかけるプロフェッショナルたちを紹介

1 革新をもとめるプロフェッショナル

自動車整備士・小山明、小山博久／引っ越し作業員・伊藤秀男／ビル清掃・新津春子／クリーニング師・古田武／義肢装具士・臼井二美男

2 技をきわめるプロフェッショナル

パン職人・竹内久典／ぎょう鉄職人・葛原幸一／時計職人・松浦敬一／うなぎ職人・金本兼次郎／そば打ち職人・高橋邦弘

3 創造するプロフェッショナル

発明家・道脇裕／ロボット研究・山海嘉之／宇宙博士・國中均／町工場経営者・竹内宏／フィギュアメーカー社長・宮脇修一

4 命と向きあうプロフェッショナル

助産師・神谷整子／小児外科医・山高篤行／ウイルス学者・高田礼人／介護福祉士・和田行男／獣医師・蓮岡元一

5 くらしをささえるプロフェッショナル

鉄道ダイヤ作成・牛田貢平／クレーン運転士・上圷茂／保育士・野島千恵子／水道技術者・笑喜久文／地方公務員・寺本英仁／困窮者支援・奥田知志

6 食をささえるプロフェッショナル

りんご農家・木村秋則／ 肉牛農家・鎌田秀利／カキ養殖・畠山重篤／チーズ農家・吉田全作／カツオ漁師・明神学武

7 表現するプロフェッショナル

バイオリニスト・五嶋みどり／狂言師・野村萬斎／ガーデンデザイナー・ポール・スミザー／バスガイド・崎原真弓／書体デザイナー・藤田重信

8 信念をつらぬくプロフェッショナル

プロサッカー監督・森保一／囲碁棋士・井山裕太／恐竜学者・小林快次／歯科医・熊谷崇／建築家・大島芳彦